Prix : **60** centimes

AUTEURS CÉLÈBRES

Camille FLAMMARION

RÊVES ÉTOILÉS

PARIS
C. MARPON ET E. FLAMMARION
ÉDITEURS
26, RUE RACINE, PRÈS L'ODÉON

RÊVES ÉTOILÉS

CHEZ LES MÊMES ÉDITEURS
(Envoi franco contre mandat.)

ŒUVRES DE CAMILLE FLAMMARION

Lumen (Collection des Auteurs célèbres). 1 vol. in-18 . 0 fr. 60

Astronomie populaire, ouvrage couronné par l'Académie française. Un beau volume grand in-8° de 840 pages, illustré de 360 gravures, 7 chromolithographies, cartes célestes, etc. Centième mille. . . . . 12 fr.

Les Étoiles et les Curiosités du Ciel. Supplément de l'*Astronomie*. Un volume grand in-8° jésus, illustré de 400 gravures, cartes et chromolithographies. Cinquantième mille . 12 fr.

Les Terres du Ciel. Voyage sur les planètes de notre système et description des conditions actuelles de la vie à leur surface. Illustré de photographies célestes, vues télescopiques, cartes et 400 figures. Un volume grand in-8°. Cinquantième mille . . 12 fr.

Le Monde avant la création de l'Homme. Origines du monde. — Origines de la vie. — Origines de l'humanité. Ouvrage illustré de 400 figures, 5 aquarelles, 8 cartes en couleur. Un volume grand in-8°. Cinquante-cinquième mille . . . . 10 fr.

Dans le Ciel et sur la Terre. Perspectives et Harmonies, illustrées de quatre eaux-fortes de Kauffmann. Un volume in-18. . . . . 5 fr.

La Pluralité des Mondes habités au point de vue de l'Astronomie, de la Physiologie et de la Philosophie naturelle, 33ᵉ édition. 1 volume in-18, avec figures . . . . 3 fr. 50

Les Mondes imaginaires et les Mondes réels. Revue des Théories humaines sur les habitants des Astres, 20ᵉ édition. Un volume in-18. . . . . 3 fr. 50

Dieu dans la nature, ou le Spiritualisme et le Matérialisme devant la Science moderne, 20ᵉ édition. Un fort volume in-18 avec portrait . . . . 4 fr.

Les derniers jours d'un Philosophe. Entretiens sur la Nature et sur les Sciences, de sir Humphry Davy. Traduit de l'anglais et annoté. Un volume in-18. . . . . 3 fr. 50

Mes Voyages aériens. Journal de bord de douze voyages en ballon, avec plans topographiques. Un volume in-18, nouvelle édition. . . . . 3 fr. 50

Contemplations scientifiques. Première série, 1869 . . . . 3 fr. 50

Contemplations scientifiques. Deuxième série, 1887 . . . . 3 fr. 50

Histoire du Ciel et des différents systèmes imaginés sur l'univers. Un vol. in-8°. . . . . 9 fr.

Les Merveilles célestes. Lectures du soir. 100 figures. 44ᵉ mille. . . . . 2 fr. 25

Petite Astronomie descriptive, 100 fig. . 1 fr. 25

L'Astronomie. Revue mensuelle d'astronomie populaire. Abonnement annuel . . . . 12 fr.

Globe géographique de la planète Mars . . 5 fr.

PARIS. — IMP. C. MARPON ET E. FLAMMARION, RUE RACINE, 26.

CAMILLE FLAMMARION

RÊVES ÉTOILÉS

GEORGES SPERO — VOYAGE DANS LE CIEL

L'UNIVERS ANTÉRIEUR — COMMUNICATION ENTRE LES MONDES
ÉTOILES ET ATOMES — LE POINT FIXE DANS L'UNIVERS
AME VÊTUE D'AIR

PARIS

C. MARPON ET E. FLAMMARION

ÉDITEURS

26, RUE RACINE, PRÈS L'ODÉON

1888

GEORGES SPERO

Le récit qui va suivre est un souvenir de jeunesse, qui met en évidence la phase la plus heureuse, et pourtant la plus agitée de la vie d'un penseur, emporté avant d'avoir pu donner à la science toutes les découvertes que nous espérions de son génie si original. Je l'offre à ceux qui ignorent l'avenir, à ceux dont l'esprit n'est satisfait ni par les affirmations de « la foi » ni par les dénégations du scepticisme, à ceux qui cherchent. Le principal mérite de cet épisode est de présenter, sous un jour spécial, quelques aspects du grand problème devant lequel s'effacent toutes les autres questions humaines. Peut-être, à ce titre, mérite-t-il l'attention des lecteurs qui, en certaines heures de calme, oublient les agitations mondaines, pensent, cherchent et rêvent.

L'AUTEUR. — 1888.

I

LA VIE

L'ardente lumière du soir flottait dans l'atmosphère comme un prodigieux rayonnement d'or. Des hauteurs de Passy, la vue s'étendait sur l'immense cité qui, alors plus que jamais, était non pas une ville, mais un monde. L'Exposition universelle de l'année 1867 avait réuni en ce Paris impérial toutes les attractions et toutes les séductions du siècle. Les fleurs de la civilisation y brillaient de leurs plus vives couleurs et s'y consumaient dans l'ardeur même de leur parfums, mourant en pleine fièvre d'adolescence. Les souverains de l'Europe venaient d'y entendre une éclatante fanfare, qui fut la dernière de la monarchie; les sciences, les arts, l'industrie semaient leurs créations nouvelles avec une prodigalité inépuisable. C'était comme une ivresse générale des êtres et des choses. Des régiments marchaient, musique en tête; des chars rapides s'entre-croisaient de toutes parts; des millions d'hommes s'agitaient dans la poussière des avenues, des quais, des boulevards; mais cette poussière même, dorée par les rayons du soleil couchant, semblait une auréole couronnant la ville splendide. Les hauts édifices, les dômes, les tours, les clochers, s'illuminaient des reflets de l'astre enflammé; on entendait au loin des sons d'orchestre mêlés à un murmure confus de voix et de bruits divers, et ce lumineux soir, complétant une éblouissante journée d'été, laissait dans l'âme un sentiment de contentement, de satisfaction et de bonheur.

Il y avait là comme une sorte de résumé symbolique des manifestations de la vitalité d'un grand peuple arrivé à l'apogée de sa vie et de sa fortune.

Des hauteurs de Passy où nous sommes, de la terrasse d'un jardin suspendu comme aux jours de Babylone au-dessus du cours nonchalant du fleuve, deux êtres appuyés à la balustrade de pierre contemplent le bruyant spectacle. Dominant cette surface agitée de la mer humaine, plus heureux dans leur douce solitude que tous les atomes de ce tourbillon, ils n'appartiennent pas au monde vulgaire et planent au-dessus de cette agitation, dans l'atmosphère limpide de leur bonheur. Leurs esprits pensent, leurs cœurs aiment, ou pour exprimer plus complètement le même fait, leurs âmes vivent.

Dans la virginale beauté de son dix-huitième printemps, la jeune fille laisse errer son regard rêveur sur l'apothéose du soleil couchant, heureuse de vivre, plus heureuse encore d'aimer. Elle ne songe point à ces millions d'êtres humains qui s'agitent à ses pieds ; elle regarde sans le voir le disque ardent du soleil qui descend derrière les nuées empourprées de l'Occident, respire l'air parfumé des guirlandes de roses du jardin, ressent dans tout son être cette quiétude de bonheur intime qui chante dans son cœur un ineffable cantique d'amour. Sa blonde chevelure nimbe son front d'une aurèole vaporeuse et tombe en touffes opulentes sur sa taille fine et élancée; ses yeux bleus, bordés de longs cils noirs, semblent un reflet de l'azur des cieux; ses bras, son cou laissent deviner une chair d'une blancheur lactée; ses joues, ses oreilles sont vivement colorées; dans l'ensemble de sa personne, elle rappelle un peu ces petites marquises des peintres du XVIII° siècle, qui naissaient à une vie inconnue dont elles ne devaient pas jouir bien longtemps. Elle se tient debout. Son compagnon, qui tout à l'heure entourait sa taille de son bras en contemplant avec elle le tableau de Paris, en écoutant avec elle les flots d'harmonie répandus dans les airs par la musique de la garde impériale, s'est assis à ses côtés. Ses yeux ont oublié Paris et le coucher du soleil, pour ne plus voir que sa gracieuse amie, et, sans s'en apercevoir, il la regarde avec une fixité étrange et douce, l'admirant comme s'il la voyait pour la première fois, ne pouvant se détacher de ce délicieux profil, l'enveloppant de son regard comme d'une magnétique caresse.

Le jeune étudiant restait absorbé dans cette contemplation. Étudiant, l'était-il encore à vingt-cinq ans? Mais ne l'est-on pas toujours, et notre maître d'alors, M. Chevreul, ne se surnomme-t-il pas encore aujourd'hui, dans sa cent deuxième année d'âge, le Doyen des étudiants de France? Georges Spero avait terminé de fort bonne heure ces études de lycée qui n'apprennent rien, si ce n'est la méthode du travail, et continuait d'approfondir avec une infatigable ardeur les grands problèmes des sciences naturelles. L'astronomie surtout avait d'abord passionné son esprit, et je l'avais précisément connu à l'Observatoire de Paris, où il était entré dès l'âge de seize ans et où il s'était fait remarquer par une singularité assez bizarre, celle de n'avoir aucune ambition et de ne désirer aucun avancement. A l'âge de seize ans comme à l'âge de vingt-cinq, il se croyait à la veille de sa mort, jugeait peut-être qu'en fait la vie passe vite et qu'il est superflu de rien désirer, sinon la science, superflu de rien souhaiter au delà du bonheur d'étudier et de connaître. Il était peu communicatif, quoique, au fond, son caractère fût celui d'un enfant enjoué. Sa bouche, fort petite et très gracieusement dessinée, semblait sourire, si l'on examinait avec attention le coin des lèvres; autrement, elle paraissait plutôt pensive et faite pour le silence. Ses yeux, dont la couleur indécise rappelant le bleu vert de l'horizon de la mer changeait suivant la lumière et selon les émotions intérieures, étaient ordinairement d'une grande douceur; mais en certaines circonstances on eût pu les croire enflammés du feu de l'éclair, ou froids comme l'acier. Le regard était profond, parfois insondable et même étrange, énigmatique. L'oreille était petite, le lobe bien détaché et légèrement relevé, ce qui pour les analystes est un indice de finesse d'esprit. Le front était vaste, quoique la tête fût plutôt petite, agrandie par une belle chevelure aux boucles chatoyantes. Sa barbe était fine, châtain comme ses cheveux, légèrement frisée. De taille moyenne, l'ensemble de sa personne était élégant, d'une élégance native, soignée sans prétention, comme sans affectation.

Nous n'avions eu aucune camaraderie avec lui, ni mes amis, ni moi, à aucune époque. Aux jours de congé, aux heures de plaisir, il n'était jamais là. Perpétuellement plongé dans ses études, on eût pu croire qu'il s'était livré sans trêve à la recherche de la pierre philosophale, de la quadrature du cercle ou du mouvement perpétuel. Je ne lui ai jamais connu d'ami, si ce n'est moi, encore ne suis-je pas sûr d'avoir reçu toutes ses confidences. Peut-être, du reste, n'a-t-il pas eu d'autre événement intime dans sa vie que celui dont je me fais aujourd'hui l'historien, et que j'ai pu exactement connaître comme témoin, sinon comme confident.

Le problème de l'âme était l'obsession perpétuelle de sa pensée. Parfois il s'abîmait dans la recherche de l'inconnu avec une telle intensité d'action cérébrale, qu'il sentait sous son crâne un fourmillement dans lequel toutes ses facultés pensantes semblaient s'anéantir. C'était surtout lorsqu'après avoir longuement analysé les conditions de l'immortalité, il voyait tout d'un coup disparaître devant lui l'éphémère vie actuelle, et s'ouvrir devant son être mental l'éternité sans fin. En face de ce spectacle de l'âme en pleine éternité, il voulait savoir. La vue de son corps pâle et glacé, enseveli dans un suaire, étendu dans un cercueil, abandonné au fond d'une fosse étroite, dernière et lugubre demeure, sous l'herbe où le grillon murmure, ne consternait pas sa pensée autant que l'incertitude de l'avenir. « Que deviendrai-je ? Que devenons-nous ? répétait-il comme un choc d'idée fixe dans son cerveau. Si nous mourons entièrement, quelle inepte comédie que la vie, avec ses luttes et ses espérances ! Si nous sommes immortels, que faisons-nous pendant l'interminable éternité ? D'aujourd'hui en cent ans, où serai-je ? où seront tous les habitants actuels de la Terre ? et les habitants de tous les mondes ? Mourir pour toujours, toujours, n'avoir existé qu'un moment : quelle dérision ! ne vaudrait-il pas mieux cent fois n'être point né ? Mais si le destin est de vivre éternellement sans jamais pouvoir rien changer à la fatalité qui nous emporte, ayant toujours devant nous l'éternité sans fin, comment supporter le poids d'une pareille destinée ? Et c'est là le sort qui nous attend ? Si jamais nous sommes fatigués de l'existence, il nous serait interdit de la fuir, il nous serait impossible de finir ! cruauté plus implacable encore que celle d'une vie éphémère s'évanouissant comme le vol d'un insecte dans la fraîcheur du soir. Pourquoi donc sommes-nous nés ? Pour souffrir de l'incertitude ? pour ne pas voir une seule de nos espérances rester debout après examen ; pour vivre, si nous ne pensons pas, comme des idiots; et si nous pensons, comme des fous? Et l'on nous parle d'un « bon Dieu! » Et il y a des religions, des prêtres, des rabbins, des bonzes! Mais l'humanité n'est qu'une race de dupes et de dupés. La religion vaut la patrie, et le prêtre vaut le soldat. Les hommes de toutes les nations sont armés jusqu'aux dents, pour s'entr'assassiner comme des imbéciles. Eh! c'est ce qu'ils peuvent faire de plus sage : c'est le meilleur remerciement qu'ils puissent adresser à la Nature pour l'inepte cadeau dont elle les a gratifiés en leur donnant le jour. »

J'essayais de calmer ses tourments, ses inquiétudes, m'étant fait à moi-même une certaine philosophie qui m'avait relativement satisfait : « La crainte de la mort, lui disais-je, me paraît absolument chimérique. Il n'y a que deux hypothèses à faire. Lorsque nous nous endormons chaque soir, nous pouvons ne pas nous réveiller le lendemain, et cette idée, lorsque nous y songeons, ne nous empêche pas de nous endormir. Pourtant, 1° ou bien, tout finissant avec la vie, nous ne nous réveillerions pas du tout, nulle part; et, dans ce cas, c'est un sommeil qui n'a pas été fini, qui, pour nous, durera éternellement : nous n'en saurons donc jamais rien. Ou bien, 2° l'âme survivant au corps, nous nous réveillons ailleurs pour continuer notre activité. Dans ce cas, le réveil ne peut être redoutable : il doit plutôt être enchanteur, toute existence dans la nature ayant sa raison d'être et toute créature, la plus infime comme la plus noble, trouvant son bonheur dans l'exercice de ses facultés. »

Ce raisonnement semblait le calmer. Mais les inquiétudes du doute ne tardaient pas à revenir. Parfois, il errait seul, dans les vastes cimetières de Paris, cherchant entre les tombes les allées les plus désertes, écoutant le bruit du vent dans les arbres, le bruissement des feuilles mortes dans les sentiers. Parfois, il s'éloignait, aux environs de la grande ville, à travers les bois, et pendant des heures entières marchait en s'entretenant lui-même. Parfois aussi il demeurait toute une longue journée dans son atelier de la place du Panthéon, atelier qui lui servait à la fois de cabinet de travail, de chambre à coucher et de pièce de réception, et jusqu'à une heure avancée de la nuit, disséquait un cerveau rapporté de la clinique, étudiant au microscope les coupes en minces lamelles de la substance grise.

L'incertitude des sciences appelées positives, le brusque arrêt de son esprit dans la solution des problèmes le jetaient alors en un violent désespoir, et plus d'une fois je le trouvai dans un abattement inerte, les yeux brillants et fixes, les mains brûlantes de fièvre, le pouls agité et intermittent. En l'une de ces crises même, ayant été obligé de le quitter pour quelques heures, je crus ne plus le trouver vivant en revenant vers cinq heures du matin. Il avait auprès de lui un verre de cyanure de potassium qu'il essaya de cacher à mon arrivée. Mais aussitôt, reprenant son calme avec une grande sérénité d'âme, il eut un léger sourire : « A quoi bon ! me dit-il, si nous sommes immortels, cela ne servirait à rien. Mais c'était pour le savoir plus vite. » Il m'avoua ce jour-là qu'il avait cru être douloureusement enlevé par les cheveux jusqu'à la hauteur du plafond pour retomber ensuite de tout son poids sur le plancher.

L'indifférence publique à l'égard de ce grand problème de la destinée humaine, question qui, à ses yeux, primait toutes les autres puisqu'il s'agit de notre existence ou de notre néant, avait le don de l'exaspérer au dernier degré. Il ne voyait partout que des gens occupés à des intérêts matériels, consacrant toutes leurs années, tous leurs jours, toutes leurs heures, toutes leurs minutes à ces intérêts déguisés sous les formes les plus diverses, et ne trouvait aucun esprit libre, indépendant, vivant de la vie de l'esprit. Il lui semblait que les êtres pensants pouvaient, *devaient*, tout en vivant de la vie du corps puisqu'on ne peut faire autrement, du moins ne pas rester esclaves d'une organisation aussi grossière, et vouer leurs meilleurs instants à la vie intellectuelle.

A l'époque où commence ce récit, Georges Spero était déjà célèbre, et même illustre, par les travaux scientifiques originaux qu'il avait publiés et par plusieurs ouvrages de haute littérature qui avaient porté son nom aux acclamations du monde entier. Quoiqu'il n'eût pas encore accompli sa vingt-cinquième année, plus d'un million de lecteurs avaient lu ses œuvres, qu'il n'avait point écrites cependant pour le gros public, mais qui avaient eu le succès d'être appréciées par la majorité désireuse de s'instruire aussi bien que par la minorité éclairée. On l'avait proclamé le **Maître** d'une école nouvelle, et d'éminents critiques, ne connaissant ni son individualité physique, ni son âge, parlaient de « ses doctrines ».

Comment ce singulier philosophe, cet étudiant austère, se trouvait-il aux pieds d'une jeune fille à l'heure du coucher du soleil, seul avec elle, sur cette terrasse où nous venons de les rencontrer? La suite de ce récit va nous l'apprendre.

II

L'APPARITION

Leur première rencontre avait été véritablement étrange. Contemplateur passionné des beautés de la nature, toujours en quête des grands spectacles, le jeune naturaliste avait entrepris, l'été précédent, le voyage de Norwège, dans le but de visiter ces fiords solitaires où s'engouffre la mer et ces montagnes aux cîmes neigeuses qui élèvent au-dessus des nues leurs fronts immaculés, et surtout avec le vif désir d'y faire une étude spéciale des aurores boréales, cette manifestation grandiose de la vie de notre planète. Je l'avais accompagné dans ce voyage. Les couchers de soleil au delà des fiords calmes et profonds; les levers de l'astre splendide sur les montagnes, charmaient en une indicible émotion son âme d'artiste et de poète. Nous demeurâmes là plus d'un mois, parcourant la pittoresque région qui s'étend de Christiania aux Alpes scandinaves. Or, la Norwège était la patrie de cette enfant du Nord, qui devait exercer une si rapide influence sur son cœur non éveillé. Elle était là, à quelques pas de lui, et pourtant ce fut seulement le jour de notre départ que le hasard, ce dieu des anciens, se décida à les mettre en présence.

La lumière du matin dorait les cîmes lointaines. La jeune Norwégienne avait été conduite par son père sur l'une de ces montagnes où maintes excursions se rendent, comme au Righi de Suisse, pour assister au lever du soleil qui, ce jour-là, avait été merveilleux. Icléa s'était écartée, seule, à quelques mètres, sur un monticule isolé, pour mieux distinguer certains détails de paysage, lorsque se retournant, le visage à l'opposé du soleil, pour embrasser l'ensemble de l'horizon, elle aperçut, non plus sur la montagne ni sur la terre, mais dans le ciel même, son image, sa personne tout entière, fort bien reconnaissables. Une auréole lumineuse encadrait sa tête et ses épaules d'une couronne de gloire éclatante, et un grand cercle aérien, faiblement teinté des nuances de l'arc-en-ciel, enveloppait la mystérieuse apparition.

Stupéfaite, émue par la singularité du spectacle, encore sous l'impression de la splendeur du lever du soleil, elle ne remarqua pas immédiatement qu'une autre figure, un profil de tête d'homme, accompagnait la sienne, silhouette de voyageur immobile, en contemplation devant elle, rappelant ces statues de saints debout sur les piliers d'église. Cette figure masculine et la sienne étaient encadrées par le même cercle aérien. Tout d'un coup, elle aperçut cet étrange profil humain dans les airs, crut être le jouet d'une vision fantastique, et, émerveillée, fit un geste de surprise et presque d'effroi. Son image aérienne reproduisit le même geste, et elle vit le spectre du voyageur porter la main à son chapeau et se découvrir comme en une salutation céleste, puis perdre la netteté de ses contours et s'évanouir en même temps que sa propre image.

La transfiguration du Mont Thabor, où les disciples de Jésus aperçurent tout d'un coup dans le ciel l'image du Maître accompagnée de celles de Moïse et d'Élie, ne plongea pas ses témoins dans une stupéfaction plus grande que celle de l'innocente vierge de Norwège, en face de cette anthélie dont la théorie est connue de tous les météorologistes.

Cette apparition se fixa sur la rétine de sa pensée comme un rêve merveilleux. Elle avait appelé son père, resté à une faible distance derrière le monticule; mais, lorsqu'il arriva, tout avait disparu. Elle lui en demanda l'explication, sans rien obtenir, si ce n'est un doute, et presque une négation sur la réalité du phénomène. Cet excellent homme, ancien officier supérieur, appartenait à cette catégorie de sceptiques distingués qui nient tout simplement ce qu'ils ignorent ou ne comprennent pas. La délicieuse créature eut beau lui affirmer qu'elle venait de voir son image dans le ciel, — et même celle d'un homme qu'elle jugeait jeune et de bonne tournure, — elle eut beau raconter les détails de l'apparition et ajouter que les figures lui avaient paru plus grandes que nature et ressemblaient à des silhouettes colossales, il lui déclara avec autorité que c'était ce qu'on appelle des illusions d'optique produites par l'imagination, quand on a mal dormi, surtout pendant les années de l'adolescence.

Mais, le soir du même jour, comme nous montions sur le bateau à vapeur, je remarquai une jeune fille à la chevelure un peu évaporée qui regardait mon ami d'un air franchement étonné. Elle était sur le quai, au bras de son père, et demeurait là immobile comme la femme de Lot changée en statue de sel. Je la signalai à mon ami; mais à peine eut-il tourné la tête de son côté, que je vis les joues de la jeune fille s'empourprer d'une subite rougeur, et aussitôt elle détourna son regard pour le diriger sur la roue du bateau qui commençait à se mettre en marche. Je ne sais si Spero y prit garde. En fait, le matin, nous n'avions rien vu ni l'un ni l'autre du phénomène aérien, du moins au moment où la jeune fille était arrivée près de nous, et elle nous était restée cachée elle-même par un petit massif d'arbustes : c'était surtout le côté de l'Orient, la magnificence du lever du soleil, qui nous avait attirés. Cependant, il salua la Norwège qu'il quittait avec regret, du même geste dont il avait salué le soleil levant; et l'inconnue prit ce salut pour elle.

Deux mois plus tard, à Paris, le comte de K... recevait une société nombreuse à propos d'un récent triomphe de sa compatriote Christine Nilson. La jeune Norwégienne et son père, venus à Paris passer une partie de l'hiver, étaient au nombre des invités; ils se connaissaient de longue date comme compatriotes, la Suède et la Norwège étant sœurs. Pour nous, nous y venions pour la première fois et l'invitation était même due à l'apparition du dernier livre de Spero, déjà signalé par un éclatant succès. Rêveuse, pensive, instruite par l'éducation solide des pays du Nord, avide de connaître, Icléa avait déjà lu, relu avec curiosité ce livre quelque peu mystique, dans lequel le nouveau métaphysicien avait exposé les anxiétés de son âme non satisfaite des *Pensées* de Pascal. Ajoutons qu'elle avait elle-même depuis plusieurs mois passé avec succès l'examen du brevet supérieur et qu'ayant renoncé à l'étude de la médecine qui d'abord l'avait attirée, elle commençait à s'initier avec quelque curiosité aux recherches toutes nouvelles de la physiologie psychologique.

Lorsqu'on avait annoncé M. Georges Spero, il lui avait semblé qu'un ami inconnu, presque un confident de son esprit, venait d'entrer. Elle tressaillit, comme frappée d'une commotion électrique. Lui, peu mondain, timide, gêné dans les réunions d'inconnus, n'aimant ni danser, ni jouer, ni causer, était resté dans le même coin du salon à côté de quelques amis, assez indifférent aux valses et aux quadrilles, plus attentif à deux ou trois chefs-d'œuvre de la musique moderne interprétés avec sentiment; et la soirée entière s'était passée sans qu'il se fût rapproché d'elle, quoiqu'il l'eût remarquée et que, dans toute cette éblouissante soirée, il n'eût vu qu'elle. Leurs regards s'étaient plus d'une fois rencontrés. A la fin, vers deux heures du matin, alors que la réunion se faisait plus intime, il osa se rapprocher d'elle, sans pourtant lui adresser la parole. Ce fut elle qui, la première, lui parla, pour lui exprimer un doute sur la conclusion de son livre.

Flatté, mais plus surpris encore d'apprendre que ces pages de métaphysique avaient une lectrice, — et une lectrice de cet âge, — l'auteur répondit, assez maladroitement, que ces recherches étaient un peu sérieuses pour une femme. Elle répliqua que les femmes, les jeunes filles n'étaient pas exclusivement absorbées par l'exercice de la coquetterie, et qu'elle en connaissait qui parfois pensaient, cherchaient, travaillaient, étudiaient. Elle parla avec quelque vivacité, pour défendre les femmes contre le dédain scientifique de certains hommes et soutenir leur aptitude intellectuelle, et n'eut pas de peine à gagner une cause dont son interlocuteur n'était, d'ailleurs, en aucune façon l'adversaire.

Ce nouveau livre, dont le succès avait été immédiat et éclatant, malgré la gravité du sujet, avait entouré le nom de Georges Spero d'une véritable auréole de célébrité, et dans les salons, le brillant écrivain était partout accueilli avec une vive sympathie. Les deux jeunes gens avaient à peine échangé quelques paroles qu'il se trouva le point de mire des amis de la maison et obligé de répondre à diverses questions qui vinrent interrompre leur tête-à-tête. L'un des plus éminents critiques du jour avait précisément consacré un long article au nouvel ouvrage, et le sujet même du livre devint en un instant l'objet de la conversation générale. Icléa se tint à l'écart. Elle sentait, et les femmes ne s'y trompent guère, que le héros l'avait remarquée, que sa pensée était déjà attachée à la sienne par un fil invisible, et qu'en répondant aux questions plus ou moins banales qui lui étaient adressées, son esprit n'était pas entièrement à la conversation. Ce premier triomphe intime lui suffisait. Elle n'en désirait point d'autres.

Mais bientôt il lui témoigna son enthousiasme pour les sites merveilleux de la Norwège et lui raconta son voyage. Elle brûlait d'entendre un mot, une allusion quelconque, au phénomène aérien qui l'avait tant frappée; et elle ne comprenait pas son silence, sa discrétion. Lui, n'ayant pas observé l'anthélie au moment où elle s'y était elle-même projetée, n'avait pas été particulièrement surpris d'un phénomène qu'il avait plusieurs fois déjà, et en de meilleures conditions, étudié du haut de la nacelle d'un aérostat, et n'ayant rien observé de spécial n'avait rien à en dire. L'instant de l'embarquement ne se représenta pas non plus à sa mémoire, et quoique la blonde enfant ne lui parût pas entièrement étrangère, cependant il ne se souvenait pas de l'avoir entrevue. Pour moi, je l'avais tout de suite reconnue. Il causa des lacs, des rivières, des fiords, des montagnes; apprit d'elle que sa mère était morte fort jeune d'une maladie de cœur, que son père préférait la vie de Paris à celle de tout autre pays, et que sans doute elle ne retournerait plus que rarement dans sa patrie.

Les relations s'établirent vite entre eux. Élevée suivant le mode d'éducation anglaise, elle jouissait de cette indépendance d'esprit et de cette liberté d'action que les femmes de France ne connaissent qu'après le mariage, et ne se sentait arrêtée par aucune de ces conventions sociales qui paraissent destinées chez nous à protéger l'innocence et la vertu. Deux amies de son âge étaient même déjà venues seules à Paris pour terminer leur éducation musicale, et elles vivaient ensemble, en pleine Babylone, en toute sécurité d'ailleurs, sans s'être jamais doutées des dangers dont on prétend que Paris est rempli. La jeune fille reçut les visites de Georges Spero comme son père eût pu les recevoir lui-même, et en quelques semaines l'affinité de leurs caractères et de leurs goûts les avaient associés dans les mêmes études, dans les mêmes recherches. Presque chaque jour, dans l'après-midi, entraîné par une secrète attraction, il se dirigeait du quartier Latin vers les bords de la Seine, qu'il suivait jusqu'au Trocadéro, et passait plusieurs heures avec Icléa soit dans la bibliothèque, soit sur la terrasse du jardin, soit en une promenade au bois.

La première impression, née de l'apparition céleste, était restée dans l'âme d'Icléa. Elle regardait le jeune savant, sinon comme un dieu ou comme un héros, du moins comme un homme supérieur à ses contemporains. La lecture de ses ouvrages fortifia cette impression et l'accrut encore : elle ressentit pour lui plus que de l'admiration, une véritable vénération. Lorsqu'elle eût fait sa connaissance personnelle, le grand homme ne descendit pas de son piédestal. Elle le trouva si simple, si sincère, si bon et si indulgent pour tous, et en même temps elle entendit quelques critiques de rivaux si injustes envers lui, qu'elle se prit à l'aimer avec un sentiment presque maternel. Ce sentiment d'affection protectrice existe-t-il donc déjà dans le cœur des jeunes filles? Peut-être, mais, assurément, elle l'aima ainsi avant de l'aimer d'amour. Je crois avoir dit plus haut que le fond du caractère de ce penseur était quelque peu mélancolique, de cette mélancolie de l'âme, dont parle Pascal, et qui est comme la nostalgie du ciel. Il cherchait, en effet, perpétuellement la solution de l'éternel problème, le *to be or not to be* « ÊTRE OU N'ÊTRE PAS » d'Hamlet. Parfois on eût pu le voir triste, atterré jusqu'à la mort. Mais, par un singulier contraste, lorsque ses noires pensées s'étaient pour ainsi dire consumées dans la recherche, que le cerveau épuisé perdait la faculté de vibrer toujours, il y avait en lui comme un repos, un rassérénement ; la circulation de son sang vermeil ranimait la vie organique, le philosophe disparaissait pour faire place à un enfant presque naïf, d'une gaieté facile, s'amusant de tout, ayant presque des goûts féminins, aimant les fleurs, les parfums, la musique, la rêverie, et paraissant même parfois d'une étonnante insouciance.

III

TO BE OR NOT TO BE

C'était précisément cette phase de sa vie intellectuelle qui avait si intimement associé les deux êtres. Heureuse d'exister, à la fleur de son printemps, s'ouvrant à la lumière de la vie, harpe vibrant de toutes les harmonies de la nature, la belle créature du Nord rêvait encore parfois aux elfes et aux fées de son climat, aux anges et aux mystères de la religion chrétienne, qui avaient bercé son enfance; mais sa piété, sa crédulité des premiers jours n'avaient pas obscurci sa raison, elle pensait librement, cherchait avec sincérité la vérité, et regrettant peut-être de ne plus croire au paradis des prédicateurs, elle se sentait pourtant animée du désir impérieux de vivre toujours. La mort lui semblait une cruelle injustice. Elle ne revoyait jamais sa mère étendue sur son lit de mort, belle de tout l'éclat de sa trentième année, emportée en pleine floraison des roses dans un cimetière verdoyant et parfumé, tout rempli de chants d'oiseaux, et rayée subitement du livre des vivants, tandis que la nature entière avait continué de chanter, de fleurir et de briller; elle ne revoyait jamais, dis-je, le pâle visage de sa mère, sans qu'un frisson subit la parcourût tout entière, de la tête aux pieds. Non, sa mère n'était pas morte. Non, elle ne mourrait pas elle-même, ni à trente ans, ni plus tard. Et lui! *Lui*, mourir! cette sublime intelligence s'anéantir par un arrêt du cœur ou de la respiration? Non, ce n'était pas possible. Les hommes se trompent. Un jour on saura.

Elle aussi pensait parfois à ces mystères, sous une forme plutôt artistique et sentimentale que scientifique; mais elle y pensait. Toutes ses questions, tous ses doutes, le but secret de ses conversations, de son attachement si rapide peut-être à son ami, tout cela avait pour cause l'immense soif de connaître qui altérait son âme. Elle espérait en lui, parce qu'elle avait déjà trouvé dans ses écrits la solution des plus grands problèmes. Ils lui avaient appris à connaître l'univers, et cette connaissance se trouvait être plus belle, plus vivante, plus grande, plus poétique que les erreurs et les illusions anciennes. Depuis le jour où elle avait appris de ses lèvres que sa vie n'avait pas d'autre but que cette recherche de la réalité, elle était sûre qu'il trouverait, et son esprit s'accrochait, se liait au sien, peut-être encore plus énergiquement que son cœur.

Il y avait environ trois mois qu'ils vivaient ainsi, d'une commune vie intellectuelle, passant presque tous les jours plusieurs heures dans la lecture des mémoires originaux écrits dans les différentes langues sur la philosophie scientifique, la théorie des atomes, la physique moléculaire, la chimie organique, la thermodynamique et les diverses sciences qui ont pour but la connaissance de l'être, dissertant sur les contradictions apparentes ou réelles des hypothèses, trouvant parfois, dans les écrivains purement littéraires, des rapports et des coïncidences assez surprenantes avec les axiomes scientifiques, s'étonnant de certaines presciences des grands auteurs. Ces lectures, ces recherches, ces comparaisons les avaient surtout intéressés par l'élimination que leur esprit de plus en plus éclairé se voyait conduit à faire des neuf dixièmes des écrivains, dont les œuvres sont absolument vides, et de la moitié du dernier dixième, dont les écrits n'ont qu'une valeur superficielle; ayant ainsi déblayé le champ de la littérature, ils vivaient avec une certaine satisfaction dans la société restreinte des esprits supérieurs. Peut-être y entrait-il quelque léger sentiment d'orgueil.

Un jour, Spero arriva plus tôt que de coutume. *Euréka!* s'écria-t-il. Mais se reprenant aussi vite : *Peut-être...*

S'appuyant à la cheminée où pétillait un feu ardent, tandis que sa compagne le contemplait de ses grands yeux pleins de curiosité, il se mit à parler avec une sorte de solennité inconsciente, comme s'il se fût entretenu avec son propre esprit, dans la solitude d'un bois :

.

« Tout ce que nous voyons n'est qu'apparence. La réalité est autre.

« Le Soleil paraît tourner autour de nous, se lever le matin, et se coucher le soir, et la Terre où nous sommes paraît immobile. C'est le contraire qui est vrai. Nous habitons autour d'un projectile tourbillonnant, lancé dans l'espace avec une vitesse soixante-quinze fois plus rapide que celle qui emporte un boulet de canon.

« Un harmonieux concert vient charmer nos oreilles. Le son n'existe pas, n'est qu'une impression de nos sens, produite par des vibrations de l'air d'une certaine amplitude et d'une certaine vitesse, vibrations en elles-mêmes silencieuses. Sans le nerf auditif et le cerveau, il n'y aurait pas de sons. En réalité, il n'y a que du mouvement.

« L'arc-en-ciel épanouit son cercle radieux, la rose et le bluet mouillés par la pluie scintillent au soleil, la verte prairie, le sillon d'or diversifient la plaine de leurs éclatantes couleurs. Il n'y a pas de couleurs, il n'y a pas de lumière, il n'y a que des ondulations de l'éther qui mettent en vibration le nerf optique. Apparences trompeuses. Le soleil échauffe et féconde, le feu brûle : il n'y a pas de chaleur, mais seulement des sensations. La chaleur, comme la lumière, n'est qu'un mode de mouvement. Mouvements invisibles, mais souverains, suprêmes.

* *

« Voici une forte solive de fer, de celles qu'on emploie si généralement aujourd'hui dans les constructions. Elle est posée dans le vide, à dix mètres de hauteur, sur deux murs, sur lesquels s'appuient ses deux extrémités. Elle est « solide », certes. En son milieu, on a posé un poids de mille, deux mille, dix mille kilogrammes, et ce poids énorme, elle ne le sent même pas ; c'est à peine si l'on peut constater par le niveau une imperceptible flexion. Pourtant, cette solive est composée de molécules qui ne se touchent pas, qui sont en vibration perpétuelle, qui s'écartent les unes des autres sous l'influence de la chaleur, qui se resserrent sous l'influence du froid. Dites-moi, s'il vous plaît, ce qui constitue la solidité de cette barre de fer? Ses atomes matériels? Assurément non, puisqu'ils ne se touchent pas. Cette solidité réside dans l'attraction moléculaire, c'est-à-dire dans une force immatérielle.

« Absolument parlant, le solide n'existe pas. Prenons entre nos mains un lourd boulet de fer, ce boulet est composé de molécules invisibles, qui ne se touchent pas, lesquelles sont composées d'atomes qui ne se touchent pas davantage. La continuité que paraît avoir la surface de ce boulet et sa solidité apparente sont donc de pures illusions. Pour l'esprit qui analyserait sa structure intime, c'est un tourbillon de moucherons rappelant ceux qui tournoient dans l'atmosphère des jours d'été. D'ailleurs, chauffons ce boulet qui nous paraît solide : il coulera ; chauffons-le davantage : il s'évaporera, sans pour cela changer de nature ; liquide ou gaz, ce sera toujours du fer.

« Nous sommes en ce moment dans une maison. Tous ces murs, ces planchers, ces tapis, ces meubles, cette cheminée de marbre sont composés de molécules qui ne se touchent pas davantage. Et toutes ces molécules constitutives des corps sont en mouvement de circulation les unes autour des autres.

« Notre corps est dans le même cas. Il est formé par une circulation perpétuelle de molécules; c'est une flamme incessamment consumée et renouvelée; c'est un fleuve au bord duquel on vient s'asseoir en croyant revoir toujours la même eau, mais où le cours perpétuel des choses ramène une eau toujours nouvelle.

« Chaque globule de notre sang est un monde (et nous en avons cinq millions par millimètre cube). Successivement, sans arrêt ni trêve, dans nos artères, dans nos veines, dans notre chair, dans notre cerveau, tout circule, tout marche, tout se précipite dans un tourbillon vital proportionnellement aussi rapide que celui des corps célestes. Molécule par molécule, notre cerveau, notre crâne, nos yeux, nos nerfs, notre chair tout entière se renouvellent sans arrêt et si rapidement, qu'en quelques mois notre corps est entièrement reconstitué.

**

« Par des considérations fondées sur les attractions

moléculaires, on a calculé que, dans une minuscule gouttelette d'eau projetée à l'aide de la pointe d'une épingle, gouttelette invisible à l'œil nu, mesurant un millième de millimètre cube, il y a plus de deux cent vingt-cinq millions de molécules.

« Dans une tête d'épingle, il n'y a pas moins de huit sextillions d'atomes, soit huit mille milliards de milliards, et ces atomes sont séparés les uns des autres par des distances considérablement plus grandes que leurs dimensions, ces dimensions se réduisant d'ailleurs à l'infiniment petit. Si l'on voulait compter le nombre de ces atomes contenus dans une tête d'épingle, en en détachant par la pensée un milliard par seconde, il faudrait continuer cette opération pendant deux cent cinquante-trois mille ans pour achever l'énumération.

« Dans une goutte d'eau, dans une tête d'épingle, il y a incomparablement plus d'atomes que d'étoiles dans tout le ciel connu des astronomes armés de leurs plus puissants télescopes.

***

« Qui soutient la terre dans le vide éternel, le

soleil et tous les astres de l'univers? Qui soutient cette longue solive en fer jetée entre deux murs et sur laquelle on va bâtir plusieurs étages? Qui soutient la forme de tous les corps? La Force.

« L'univers, les choses et les êtres, tout ce que nous voyons est formé d'atomes invisibles et impondérables. L'univers est un dynamisme. Dieu, c'est l'âme universelle : *in eo vivimus, movemur et sumus.*

Comme l'âme est la force mouvant le corps, l'Être infini est la force mouvant l'univers! La théorie purement mécanique de l'univers reste incomplète pour l'analyste qui pénètre au fond des choses. La *volonté* humaine est faible, il est vrai, relativement aux forces cosmiques. Cependant, en envoyant un train de Paris à Marseille, un navire de Marseille à Suez, je déplace, librement, une partie infinitésimale de la masse terrestre, et je modifie le cours de la Lune. Aveugles du XIXe siècle, revenez au cygne de Mantoue : *Mens agitat molem.*

« Si je dissèque la matière, je trouve au fond de tout l'atome invisible : la matière disparaît, s'évanouit en fumée. Si mes yeux avaient la puissance de voir la réalité, ils verraient à travers les murs, formés de molécules séparées, à travers les corps, tourbillons atomiques. Nos yeux de chair ne voient pas ce qui est. C'est avec l'œil de l'esprit qu'il faut voir.

« Il n'y a dans la nature ni astronomie, ni physique, ni chimie, ni mécanique : ce sont là des méthodes subjectives d'observation. Il n'y a qu'une seule unité. L'infiniment grand est identique à l'infiniment petit. L'espace est infini sans être grand. La durée est éternelle sans être longue. Étoiles et atomes sont un.

* *

« L'unité de l'univers est constituée par la force invisible, impondérable, immatérielle, qui meut les atomes. Si un seul atome cessait d'être mû par la force, l'univers s'arrêterait. La Terre tourne autour du Soleil, le Soleil gravite autour d'un foyer sidéral mobile lui-même; les millions, les milliards de soleils qui peuplent l'univers courent plus vite que les projectiles de la poudre; ces étoiles, qui nous paraissent immobiles, sont des soleils lancés dans le vide éternel à la vitesse de dix, vingt, trente millions de kilomètres par jour, courant tous vers un but ignoré, soleils, planètes, terres, satellites, comètes vagabondes...; le point fixe, le centre de gravité cherché par l'analyste fuit à mesure qu'on le poursuit et n'existe en réalité nulle part. Les atomes qui constituent les corps se meuvent relativement aussi vite que les étoiles dans le ciel. Le mouvement régit tout, forme tout.

« *L'atome lui-même n'est pas une inerte matière. Il est un centre de force.*

« Ce qui constitue essentiellement l'être humain, ce qui l'organise, ce n'est point sa substance matérielle, ce n'est ni le protoplasma, ni la cellule, ni ces merveilleuses et fécondes associations du carbone avec l'hydrogène, l'oxygène et l'azote; c'est la *Force* animique, invisible, immatérielle. C'est elle qui groupe et retient associées les innombrables molécules qui composent l'admirable harmonie du corps vivant.

« La matière et l'énergie n'ont jamais été vues séparées l'une de l'autre; l'existence de l'une implique l'existence de l'autre; il y a peut-être identité substantielle de l'une et de l'autre.

« Que le corps se désagrège tout d'un coup après la mort, comme il se désagrège lentement et se renouvelle perpétuellement pendant la vie, peu importe. L'âme demeure. *L'atome cérébral organisateur est le centre de cette force.* Lui aussi est indestructible.

« Ce que nous voyons est trompeur. Le RÉEL, C'EST L'INVISIBLE. »

* * *

Il se mit à marcher à grands pas. La jeune fille l'avait écouté comme on écoute un apôtre, un apôtre bien-aimé, et quoiqu'il n'eût, en fait, parlé que pour elle, il n'avait pas paru prendre garde à sa présence, tant elle s'était faite immobile et silencieuse. Elle s'approcha de lui et lui prit une main dans les siennes. « Oh ! fit-elle, si tu n'as pas encore conquis la Vérité, elle ne t'échappera pas. »

Puis, s'enflammant elle-même et faisant allusion à une réserve souvent exprimée par lui : « Tu crois, ajouta-t-elle, qu'il est impossible à l'homme terrestre d'atteindre la Vérité, parce que nous n'avons que cinq sens et qu'une multitude de manifestations de la nature restent étrangères à notre esprit, n'ayant aucune voie pour nous arriver. De même que la vue nous serait refusée si nous étions privés du nerf optique, l'audition si nous étions privés du nerf acoustique, etc., de même les vibrations, les mouvements invisibles, les manifestations de la Force qui passent entre les cordes de notre instrument organique sans faire vibrer celles qui existent, nous restent inconnus. Je te le concède, et j'admets avec toi que les habitants de certains mondes peuvent être incomparablement plus avancés que nous. Mais il me semble que, quoique terrien, tu as trouvé. »

— Chère bien-aimée, répliqua-t-il en s'asseyant auprès d'elle sur le vaste divan de la bibliothèque, il est bien certain que notre harpe terrestre manque de cordes, et il est probable qu'un citoyen du système de Sirius se rirait de nos prétentions. Le moindre morceau de fer aimanté est plus fort que Newton et Leibnitz pour trouver le pôle magnétique, et l'hirondelle connaît mieux que Christophe Colomb ou Magellan les variations de latitude. Qu'ai-je dit tout à l'heure? Que les apparences sont trompeuses et qu'à travers la matière notre esprit doit voir la force invisible. C'est ce qu'il y a de plus sûr. La matière n'est pas ce qu'elle paraît, et nul homme instruit des progrès des sciences positives ne pourrait plus aujourd'hui se prétendre matérialiste.

— Alors, reprit-elle, l'atome cérébral, principe de l'organisme humain, serait immortel, comme tous les atomes d'ailleurs, si l'on admet les assertions fondamentales de la chimie. Mais il différerait des autres par une sorte de rang plus élevé, l'âme lui étant attachée. Et il conserverait la conscience de son existence? L'âme serait-elle comparable à une substance électrique? J'ai vu une fois la foudre passer à travers un salon et éteindre les flambeaux. Lorsqu'on les ralluma, on trouva que la pendule avait été dédorée et que le lustre d'argent ciselé avait été doré sur plusieurs points. Il y a là une force bien subtile.

— Ne faisons pas de comparaisons; elles resteraient toutes trop éloignées de la réalité. Que l'âme existe comme force, c'est ce qui n'est pas douteux. Qu'elle ne fasse qu'un avec l'atome cérébral organisateur, nous pouvons l'admettre. Qu'elle survive ainsi à la dissolution du corps, nous le concevons.

— Mais que devient-elle? Où va-t-elle?

— La plupart des âmes ne se doutent même pas de leur propre existence. Sur les quatorze cent millions d'êtres humains qui peuplent notre planète, les quatre-vingt-dix-neuf centièmes ne pensent pas. Que feraient-ils, grand Dieu! de l'immortalité? Comme la molécule de fer flotte sans le savoir dans le sang qui bat sous la tempe de Lamartine ou d'Hugo, ou bien demeure fixée pour un temps dans l'épée de César; comme la molécule d'hydrogène brille dans le gaz du foyer de l'Opéra ou s'immerge dans la goutte d'eau avalée par le poisson au fond obscur des mers, les atomes vivants qui n'ont jamais pensé, sommeillent.

Les âmes qui pensent restent l'apanage de la vie intellectuelle. Elles conservent le patrimoine de l'humanité et l'accroissent pour l'avenir. Sans cette immortalité des âmes humaines qui ont conscience de leur existence et vivent par l'esprit, toute l'histoire de la Terre ne devrait aboutir qu'au néant, et la création tout entière, celle des mondes les plus sublimes aussi bien que celle de notre infime planète, serait une absurdité décevante, plus misérable et plus idiote que l'excrément d'un ver de terre. Il a sa raison d'être et l'univers ne l'aurait pas! T'imagines-tu les milliards de mondes atteignant les splendeurs de la vie et de la pensée pour se succéder sans fin dans l'histoire de l'univers sidéral, et n'aboutissant qu'à donner naissance à des espérances perpétuellement déçues, à des grandeurs perpétuellement ruinées, à des êtres pensants perpétuellement anéantis? Nous avons beau nous faire humbles, nous ne pouvons admettre le rien comme but suprême du progrès perpétuel, prouvé par toute l'histoire de la nature. Or, les âmes sont les semences des humanités planétaires.

— Peuvent-elles donc se transporter d'un monde à l'autre?

— Rien n'est si difficile à comprendre que ce que l'on ignore; rien n'est plus simple que ce que l'on connaît. Qui s'étonne aujourd'hui, de voir le télégraphe électrique transporter instantanément la pensée humaine à travers les continents et les mers? Qui s'étonne de voir l'attraction lunaire soulever les eaux de l'Océan et produire les marées? Qui s'étonne de voir la lumière se transmettre d'une étoile à l'autre avec la vitesse de trois cent mille kilomètres par seconde? Au surplus, les penseurs seuls pourraient apprécier la grandeur de ces merveilles; le vulgaire ne s'étonne de rien.

Si quelque découverte nouvelle nous permettait d'adresser demain des signaux aux habitants de Mars et d'en recevoir des réponses, les trois quarts des humains n'en seraient plus surpris après-demain.

Oui, les forces animiques peuvent se transporter d'un monde à l'autre, non partout ni toujours, assurément, et non toutes. Il y a des lois et des conditions. Ma volonté peut soulever mon bras, lancer une pierre, à l'aide de mes muscles; si je prends un poids de vingt kilos, elle soulèvera encore mon bras; si je veux prendre un poids de mille kilos, je ne le puis plus. Tels esprits sont incapables d'aucune activité; d'autres ont acquis des facultés transcendantes. Mozart, à six ans, imposait à tous ses auditeurs la puissance de son génie musical et publiait à huit ans ses deux premières œuvres de sonates; tandis que le plus grand auteur dramatique qui ait existé, Shakespeare, n'avait encore écrit avant l'âge de trente ans aucune pièce digne de son nom. Il ne faut pas croire que l'âme appartienne à quelque monde surnaturel. Tout est dans la nature. Il n'y a guère plus de cent mille ans que l'humanité terrestre s'est dégagée de la chrysalide animale; pendant des millions d'années, pendant la longue série historique des périodes primaire, secondaire et tertiaire, il n'y avait pas sur la Terre une seule pensée pour apprécier ces grandioses spectacles, un seul regard humain pour les contempler. Le progrès a lentement élevé les âmes inférieures des plantes et des animaux; l'homme est tout récent sur la planète. La nature est en incessant progrès; l'univers est un perpétuel devenir; l'ascension est la loi suprême.

« Tous les mondes, ajouta-t-il, ne sont pas actuellement habités. Les uns sont à l'aurore, d'autres au crépuscule. Dans notre système solaire, par exemple, Mars, Vénus, Saturne et plusieurs de ses satellites, paraissent en pleine activité vitale; Jupiter semble n'avoir pas dépassé sa période primaire; la Lune n'a peut-être plus d'habitants. Notre époque actuelle n'a pas plus d'importance dans l'histoire générale de l'univers que notre fourmilière dans l'infini. Avant l'existence de la Terre, il y a eu, de toute éternité, des mondes peuplés d'humanités ; quand notre planète aura rendu le dernier soupir et que la dernière famille humaine s'endormira du dernier sommeil aux bords de la dernière lagune de l'océan glacé, des soleils innombrables brilleront toujours dans l'infini, et toujours il y aura des matins et des soirs, des printemps et des fleurs, des espérances et des joies. Autres soleils, autres terres, autres humanités. L'espace sans bornes est peuplé de tombes et de berceaux. Mais la vie, la pensée, le progrès éternel sont le but final de la création.

« La Terre est le satellite d'une étoile. Actuellement aussi bien que dans l'avenir, nous sommes citoyens du ciel. Que nous le sachions ou que nous l'ignorions, nous vivons en réalité dans les étoiles. »

Ainsi s'entretenaient les deux amis sur les graves problèmes qui préoccupaient leurs pensées. Lorsqu'ils conquéraient une solution, fût-elle incomplète, ils éprouvaient un véritable bonheur d'avoir fait un pas de plus dans la recherche de l'inconnu et pouvaient plus tranquillement ensuite causer des choses habituelles de la vie. C'étaient deux esprits, également avides de savoir, s'imaginant, avec toute la ferveur de la jeunesse, pouvoir s'isoler du monde, dominer les impressions humaines et atteindre en leur céleste essor l'étoile de la Vérité qui scintillait au-dessus de leurs têtes dans les profondeurs de l'infini.

IV

AMOR

Dans cette vie à deux, tout intime, toute charmante qu'elle fût, quelque chose manquait. Ces entretiens sur les formidables problèmes de l'être et du non-être, les échanges d'idées sur l'analyse de l'humanité, les recherches sur le but final de l'existence des choses, satisfaisaient parfois leur esprit, non leur cœur. Lorsque l'un près de l'autre, ils avaient longuement causé, soit sous le berceau du jardin qui dominait le tableau de la grande ville, soit dans la bibliothèque silencieuse, l'étudiant, le chercheur ne pouvait se détacher de sa compagne, et tous deux restaient, la main dans la main, muets, attirés, retenus, par une force irrésistible. Après le départ, l'un et l'autre éprouvaient un vide singulier, douloureux, dans la poitrine, un malaise indéfinissable, comme si quelque lien nécessaire à leur vie mutuelle eût été rompu; et l'un comme l'autre n'aspirait qu'à l'heure du retour. Il l'aimait, non pour lui, mais pour elle, d'une affection presque impersonnelle, dans un sentiment de profonde estime autant que d'ardent amour, et, par un combat de tous les instants contre les attractions de la chair, avait su résister. Mais un jour qu'ils étaient assis l'un près de l'autre, sur ce grand divan de la blibliothèque encombré comme d'habitude de livres et de feuilles volantes, comme ils demeuraient silencieux, il arriva, que chargée sans doute de tout le poids des efforts concentrés depuis si longtemps pour résister à une attraction trop irrésistible, la tête du jeune auteur s'inclina insensiblement sur les épaules de sa compagne et que, presque aussitôt... leurs lèvres se rencontrèrent. . . . .

O joies inénarrables de l'amour partagé! Ivresse insatiable de l'être altéré de bonheur, transports sans fin de l'imagination invaincue, douce musique des cœurs, à quelles hauteurs éthérées n'avez-vous pas élevé les élus abandonnés à vos félicités suprêmes! Subitement oublieux de la terre inférieure, ils s'envolent à tire d'ailes dans les paradis enchantés, se perdent dans les profondeurs célestes et planent dans les régions sublimes de l'éternelle volupté. Le monde avec ses comédies et ses misères n'existe plus pour eux. Ils vivent dans la lumière, dans le feu, salamandres, phénix, dégagés de tout poids, légers comme la flamme, se consumant eux-mêmes, renaissant de leurs cendres, toujours lumineux, toujours ardents, invulnérables, invincibles.

L'expansion si longuement contenue de ces premiers transports, jeta les deux amants dans une vie d'extase qui leur fit un instant oublier la métaphysique et ses problèmes. Cet instant dura six mois. Le plus doux, mais le plus impérieux des sentiments était venu compléter en eux les insuffisantes satisfactions intellectuelles de l'esprit, et les avait tout d'un coup absorbées, presque anéanties. A dater du jour du baiser, Georges Spero, non seulement disparut entièrement de la scène du monde, mais encore cessa d'écrire, et je le perdis de vue moi-même, malgré la longue et réelle affection qu'il m'avait témoignée. Des logiciens eussent pu en conclure que, pour la première fois de sa vie, il était satisfait, et qu'il avait trouvé la solution du grand problème, le but suprême de l'existence des êtres.

Ils vivaient de cet « égoïsme à deux » qui, en éloignant l'humanité de notre centre optique, diminue ses défauts et la fait paraître plus aimable et plus belle. Satisfaits de leur affection mutuelle, tout chantait pour eux, dans la nature et dans l'humanité, un perpétuel cantique de bonheur et d'amour.

Insensiblement, pourtant, sans peut-être s'en apercevoir lui-même, le jeune philosophe reprit, graduellement, par fragments morcelés, ses études interrompues, analysant maintenant les choses avec un profond sentiment d'optimisme qu'il n'avait pas encore connu malgré sa bonté naturelle, éliminant les conclusions cruelles, parce qu'elles lui semblaient dues à une connaissance incomplète des causes, contemplant les panoramas de la nature et de l'humanité dans une nouvelle lumière. Elle avait repris aussi, du moins partiellement, les études qu'elle avait faites en commun avec lui ; mais un sentiment, nouveau, immense, remplissait son âme, et son esprit n'avait plus la même liberté pour le travail intellectuel. Absorbée dans cette affection de tous les instants pour un être qu'elle avait entièrement conquis, elle ne voyait que par lui, n'agissait que pour lui. Pendant les heures calmes du soir, lorsqu'elle se mettait au piano, soit pour jouer une sonate de Chopin, qu'elle s'étonnait de n'avoir pas comprise avant d'aimer, soit pour s'accompagner en chantant de sa voix si pure et si étendue les lieder norwégiens de Grieg et de Bull, ou les mélodies de notre Gounod, il lui semblait, à son insu, peut-être, que son bien-aimé était le seul auditeur capable d'entendre ces inspirations du cœur. Quelles heures délicieuses il passa, dans cette vaste bibliothèque de la maison de Passy, étendu sur un divan, suivant parfois du regard les capricieuses volutes de la fumée d'une cigarette d'Orient, tandis qu'abandonnée aux réminiscences de sa fantaisie, elle chantait le doux *Saetergientens Sondag* de son pays, la sérénade de *Don Juan*, le *Lac* de Lamartine bien que, laissant courir ses doigts habiles sur le clavier, elle faisait s'envoler dans l'air le mélodieux rêve du menuet de Boccherini !

Le printemps était venu. Le mois de mai avait vu s'ouvrir, à Paris, les fêtes de l'Exposition universelle dont nous parlions au début de ce récit, et les hauteurs du jardin de Passy abritaient l'Eden du couple amoureux. Le père d'Icléa, qui était allé passer en Algérie les mauvais mois d'hiver, était revenu avec une collection d'armes arabes pour son musée de Christiania. Son intention était de retourner bientôt en Norwège, et il avait été convenu entre la jeune Norwégienne et son ami que le mariage aurait lieu dans sa patrie, à la date anniversaire de la mystérieuse apparition.

Lorsque l'été arriva, ils partirent tous les trois pour Christiania. L'intention de Spero était d'y séjourner jusqu'à l'automne et d'y continuer les études qu'il avait entreprises l'année précédente sur les aurores boréales, observations si particulièrement intéressantes pour lui, et qu'il avait eu à peine le temps de commencer.

Ce voyage fut la continuation du plus doux des rêves. La blonde fille du Nord enveloppait son ami d'une auréole de séduction perpétuelle qui peut-être lui eût fait oublier pour toujours les attractions de la science, si elle-même n'avait eu, comme nous l'avons vu, un goût personnel insatiable pour l'étude. Les expériences que l'infatigable chercheur avait entreprises sur l'électricité atmosphérique, l'intéressèrent autant que lui. Elle aussi voulut se rendre compte de la nature de ces flammes mystérieuses de l'aurore boréale qui viennent le soir palpiter dans les hauteurs de l'atmosphère, et comme la série de ces recherches le conduisaient à désirer une ascension en ballon destinée à aller surprendre le phénomène jusque dans sa source, elle aussi éprouva le même désir. Il essaya de l'en dissuader, ces expériences aéronautiques n'étant pas sans danger. Mais l'idée seule d'un péril à partager eût suffi pour la rendre sourde aux supplications du bien-aimé. Après de longues hésitations, Spero se décida à l'emmener avec lui et prépara, à l'Université de Christiania, une ascension pour la première nuit d'aurore boréale.

V

L'AURORE BORÉALE

Les perturbations de l'aiguille aimantée avaient annoncé l'arrivée de l'aurore avant même le coucher du soleil, et l'on avait commencé le gonflement de l'aérostat au gaz hydrogène pur, lorsqu'en effet le ciel laissa apercevoir dans le Nord magnétique cette coloration d'or vert transparente qui est toujours l'indice certain d'une aurore boréale. En quelques heures, les préparatifs furent terminés. L'atmosphère, entièrement dégagée de tout nuage, était d'une limpidité parfaite, les étoiles scintillaient dans les cieux, au sein d'une obscurité profonde, sans clair de lune, atténuée seulement vers le Nord par une douce lumière s'élevant en arc au-dessus d'un segment obscur, et lançant dans les hauteurs de l'atmosphère de légers jets roses et un peu verts qui semblaient les palpitations d'une vie inconnue. Le père d'Icléa, qui assistait au gonflement de l'aérostat, ne se doutait point du départ de sa fille; mais au dernier moment elle entra dans la nacelle comme pour la visiter, Spero fit un signe, et l'aérostat s'éleva lentement, majestueusement, au-dessus de la ville de Christiania, qui apparut, éclairée de milliers de lumières, au-dessous des deux voyageurs aériens, et diminua de grandeur en s'éloignant dans la noire profondeur.

Bientôt l'aérostat, emporté par une ascension oblique, plana au-dessus des noires campagnes, et les clartés pâlissantes disparurent. Le bruit de la ville s'était éloigné en même temps, un profond silence, le silence absolu des hauteurs, enveloppa l'esquif aérien. Impressionnée par ce silence sans égal, peut-être aussi par le froid de la nuit, peut-être surtout par la nouveauté de sa situation, Icléa se serrait contre la poitrine de son téméraire ami. Ils montaient rapidement. L'aurore boréale semblait descendre, en s'étendant sous les étoiles comme une ondoyante draperie de moire d'or et de pourpre, parcourue de frémissements électriques. A l'aide d'une petite sphère de cristal habitée par des vers luisants, Spero observait ses instruments et inscrivait leurs indications correspondantes aux hauteurs atteintes. L'aérostat montait toujours. Quelle immense joie pour le chercheur! Il allait, dans quelques minutes, planer à la cime de l'aurore boréale, il allait trouver la réponse à la question de la hauteur de l'aurore, vainement posée par tant de physiciens, et surtout par ses maîtres aimés, les « psychologues » Œrsted et Ampère.

L'émotion d'Icléa s'était calmée. — As-tu donc eu peur? lui demanda son ami. L'aérostat est sûr. Aucun accident n'est à craindre. Tout est calculé. Nous descendrons dans une heure. Il n'y a pas l'ombre de vent à terre.

— Non, fit-elle, tandis qu'une lueur céleste l'illuminait d'une transparente clarté rose; mais c'est si étrange, c'est si beau, c'est si divin! Et c'est si grand pour moi si petite. J'ai un instant frissonné. Il me semble que je t'aime plus que jamais...

Et, jetant ses bras autour de son cou, elle l'embrassa dans une étreinte passionnée, longue, sans fin.

L'aérostat solitaire voguait en silence dans les hauteurs aériennes, sphère de gaz transparent enfermée dans une mince enveloppe de soie, dont on pouvait reconnaître, de la nacelle, les zones verticales allant se joindre au sommet, au cercle de la soupape, la partie inférieure du ballon restant largement ouverte, pour la dilatation du gaz. L'obscure clarté qui tombe des étoiles, dont parle Corneille, eût suffi, à défaut des lueurs de l'aurore boréale, pour permettre de distinguer l'ensemble de l'esquif aérien. La nacelle, suspendue au filet qui enveloppait la sphère de soie, était attachée à l'aide de huit cordes solides tissées dans l'osier de la nacelle et passant sous les pieds des aéronautes. Le silence était profond, solennel; on aurait pu entendre les battements de leurs cœurs. Les derniers bruits de la terre avaient disparu. On voguait à cinq mille mètres de hauteur, avec une vitesse inconnue, le vent supérieur emportant le navire aérien sans qu'on en ressentît le moindre souffle dans la nacelle, puisque le ballon est immergé dans l'air qui marche, comme une simple molécule relativement immobile dans le courant qui l'emporte. Seuls habitants de ces régions sublimes, nos deux voyageurs jouissaient de cette situation d'exquise félicité que les aéronautes connaissent lorsqu'ils ont respiré cet air vif et léger, dominé les régions basses, oublié dans ce silence des espaces toutes les vulgarités de la vie terrestre, et mieux que nuls de leurs devanciers ils l'appréciaient, cette situation unique, en la doublant, en la décuplant par le sentiment de leur propre bonheur. Ils parlaient à voix basse, comme s'ils eussent craint d'être entendus des anges et de voir s'évanouir le charme magique qui les tenait suspendus dans le voisinage du ciel... Parfois des lueurs subites, des rayons de l'aurore boréale, venaient les frapper, puis tout retombait dans une obscurité plus profonde et plus insondable.

Ils voguaient ainsi dans leur rêve étoilé, lorsqu'un bruit soudain vint frapper leurs oreilles, comme un sifflement sourd. Ils écoutèrent, se penchèrent au-dessus de la nacelle, prêtèrent l'oreille. Ce bruit ne venait pas de la terre. Était-ce un murmure électrique de l'aurore boréale? était-ce quelque orage magnétique dans les hauteurs? Des éclairs semblaient arriver du fond de l'espace, les envelopper et s'évanouir. Ils écoutèrent, haletants. Le bruit était tout près d'eux... C'était le gaz qui s'échappait de l'aérostat.

Soit que la soupape se fût entr'ouverte d'elle-même, soit que dans leurs mouvements ils eussent exercé une pression sur la corde, le gaz fuyait!

Spero s'aperçut vite de la cause de ce bruit inquiétant, mais ce fut avec terreur, car il était impossible de refermer la soupape. Il examina le baromètre, qui commençait à remonter lentement : l'aérostat commençait donc à descendre. Et la chute, d'abord lente, mais inévitable, devait aller en s'accroissant dans une proportion mathématique. Sondant l'espace inférieur, il vit les flammes de l'aurore boréale se refléter dans le limpide miroir d'un lac immense.

Le ballon descendait avec vitesse et n'était plus qu'à trois mille mètres du sol. Conservant en apparence tout son calme, mais ne se faisant aucune illusion sur l'imminence de la catastrophe, le malheureux aéronaute jeta successivement par-dessus bord les deux sacs de lest qui restaient, les couvertures, les instruments, l'ancre et, mit la nacelle à vide ; mais cet allègement insuffisant ne servit qu'à ralentir un instant la vitesse acquise. Descendant, ou plutôt tombant maintenant avec une vitesse prodigieuse, le ballon n'était plus qu'à quelques centaines de mètres au-dessus du lac. Un vent intense se mit à souffler de bas en haut et à siffler à leurs oreilles.

L'aérostat tourbillonna sur lui-même, comme emporté par une trombe. Tout d'un coup, Georges Spero sentit une étreinte violente, un long baiser sur les lèvres : « **Mon Maître, mon Dieu, mon Tout, je t'aime !** » s'écria-t-elle. Et, écartant deux cordes, elle se précipita dans le vide.

Le ballon délesté remonta comme une flèche. Spero était sauvé.

La chute du corps d'Icléa dans l'eau profonde du lac produisit un bruit sourd, étrange, effroyable, au milieu du silence de la nuit. Fou de douleur et de désespoir, sentant ses cheveux hérissés sur son crâne, ouvrant les yeux pour ne rien voir, remporté par l'aérostat à plus de mille mètres de hauteur, il se suspendit à la corde de la soupape, dans l'espérance de retomber vers le point de la catastrophe ; mais la corde ne fonctionna pas. Il chercha, tâtonna sans résultat. Sous sa main, il rencontra la voilette de sa bien-aimée, qui était restée accrochée à l'une des cordes, légère voilette parfumée, encore toute empreinte de l'odeur enivrante de sa belle compagne, il regarda bien les cordes, crut retrouver l'empreinte des petites mains crispées, et posant ses mains à la place où l'instant d'auparavant Icléa avait posé les siennes, il s'élança. Un instant, son pied resta pris dans un cordage; mais il eut la force de se dégager et tomba dans l'espace en tourbillonnant.

Un bateau pêcheur, qui avait assisté à la fin du drame, avait fait force voiles vers le point du lac où la jeune fille s'était précipitée et était parvenu à la retrouver et à la recueillir. Elle n'était pas morte. Mais tous les soins qui lui furent prodigués n'empêchèrent pas la fièvre de la saisir et d'en faire sa proie. Les pêcheurs arrivèrent dans la matinée à un petit port des bords du lac et la transportèrent dans leur modeste chaumière, sans qu'elle reprît connaissance. « Georges! disait-elle, en ouvrant les yeux, Georges! » et c'était tout. Le lendemain, elle entendit la cloche du village sonner un glas funèbre. « Georges! répétait-elle, Georges! » On avait retrouvé son corps, à l'état de bouillie informe, à quelque distance du rivage; sa chute, de plus de mille mètres de hauteur, avait commencé au-dessus du lac, mais le corps, gardant la vitesse horizontale acquise par l'aérostat, n'était pas tombé verticalement : il était descendu obliquement, comme s'il eût glissé le long d'un fil suivant le ballon dans sa marche, et était tombé, masse précipitée du ciel, dans une prairie bordant les rives du lac, avait marqué profondément son empreinte dans le sol et avait rebondi à plus d'un mètre du point de chute; mais ses os eux-mêmes étaient broyés en poussière, et le cerveau s'était échappé du front. Sa fosse était à peine refermée, que l'on dut creuser à côté d'elle celle d'Icléa, morte en répétant d'une voix éteinte : « Georges ! Georges ! »

Une seule pierre recouvrit leurs deux tombes, et le même saule étendit son ombre sur leur sommeil. Aujourd'hui encore, les riverains du beau lac de Tyrifiorden conservent dans leurs cœurs le mélancolique souvenir de la catastrophe, devenue presque légendaire, et l'on ne montre pas la pierre sépulcrale au voyageur sans associer à leur mémoire le regret d'un doux songe évanoui.

VI

LE PROGRÈS ÉTERNEL

Les jours, les semaines, les mois, les saisons, les années, passent vite sur cette planète, et sans doute aussi sur les autres. Déjà vingt fois la Terre a parcouru sa révolution annuelle autour du Soleil, depuis le jour où la destinée ferma si tragiquement le livre que mes deux jeunes amis lisaient depuis moins d'une année; leur bonheur fut rapide, leur matin s'évanouit comme une aurore. Je les avais, sinon oubliés (*), du moins perdus de vue, lorsque

---

(*) Il y a parfois des coïncidences bizarres. Le jour où Spero fit l'ascension qui devait lui être si fatale, je savais qu'il s'était élancé dans les airs, par l'agitation extraordinaire de

tout récemment, dans une séance d'hypnotisme, à Nancy, où je m'arrêtai quelques jours en me rendant dans les Vosges, je me trouvai conduit à questionner un « sujet » à l'aide duquel les savants expérimentateurs de l'Académie Stanislas avaient obtenu quelques-uns de ces résultats véritablement stupéfiants, dont la presse scientifique nous entretient depuis quelques années. Je ne sais plus comment il arriva que la conversation s'établit entre lui et moi sur la planète Mars.

Après m'avoir fait la description d'une contrée riveraine d'une mer connue des astronomes sous le nom d'Océan Képler et d'une île solitaire qui s'élève au sein de cet océan, après m'avoir décrit les paysages pittoresques et la végétation rougeâtre qui ornent ces rivages, les falaises battues par les

l'aiguille aimantée qui, à Paris où j'étais resté, annonçait l'existence de l'intense aurore boréale si anxieusement attendue par lui pour ce voyage aérien. On sait en effet que les aurores boréales se manifestent au loin par les perturbations magnétiques. Mais ce qui me surprit le plus, et ce dont je n'ai pas encore eu l'explication, c'est qu'à l'heure même de la catastrophe, j'éprouvai un malaise indéfinissable, puis une sorte de pressentiment qu'un malheur lui était arrivé. La dépêche qui m'annonça sa mort m'y trouva presque préparé.

flots et les plages sablonneuses où viennent expirer les vagues, ce sujet, d'une sensibilité extrême, pâlit tout d'un coup et porta la main à son front; ses yeux se fermèrent, ses sourcils se rapprochèrent; il semblait vouloir saisir une idée fugitive qui s'obstinait à fuir. *Voyez!* s'écria le docteur B... en se posant devant lui comme un ordre inéluctable. *Voyez!* je le veux.

— Vous avez là des amis, me dit-il.

— Cela ne me surprend pas trop, répliquai-je en riant. J'ai assez fait pour eux.

— Deux amis, ajouta-t-il, qui, en ce moment, parlent de vous.

— Oh! oh! des gens qui me connaissent?

— Oui.

— Et comment cela?

— Ils vous ont connu ici.

— Ici?

— Ici, sur la Terre.

— Ah! Y a-t-il longtemps?

— Je ne sais pas.

— Habitent-ils Mars depuis longtemps?

— Je ne sais pas.

— Sont-ils jeunes?

— Oui, ce sont deux amoureux qui s'adorent.

Alors les images charmantes de mes amis regrettés se retracèrent toutes vives dans ma pensée. Mais je ne les eus pas plutôt revus, que le sujet s'écria, cette fois d'une voix plus sûre :

« Ce sont eux. »

— Comment le savez-vous?

— Je le vois. Ce sont les mêmes âmes. Mêmes couleurs.

— Comment, mêmes couleurs?

— Oui, les âmes sont lumière.

Quelques instants après, il ajouta :

— Pourtant, il y a une différence.

Puis il resta silencieux quelques instants encore, le front tout chercheur. Mais son visage reprenant tout son calme et toute sa sérénité, il ajouta :

« Lui est devenu elle, la femme. Elle est maintenant lui, l'homme. Et ils s'aiment encore plus qu'autrefois. »

Comme s'il n'eût pas compris lui-même ce qu'il venait de dire, il sembla chercher une explication, fit de pénibles efforts, à en juger par la contraction de tous les muscles de son visage, et tomba dans une sorte de catalepsie, d'où le docteur B... ne tarda pas à le délivrer. Mais l'instant de lucidité avait fui et ne revint plus.

Je livre, en terminant, ce dernier fait aux lecteurs de ce récit, tel qu'il s'est passé sous mes yeux, et sans commentaires. D'après l'hypothèse actuellement admise par plusieurs hypnotistes, le sujet avait-il subi l'influence de ma propre pensée, lorsque le professeur lui ordonna de me répondre? Ou, plus indépendant, s'était-il véritablement « dégagé » et avait-il *vu* au delà de notre sphère? Je ne me permettrai pas de décider.

Cependant j'avouerai en toute sincérité que la résurrection de mon ami et de son adorée compagne sur ce monde de Mars, séjour voisin du nôtre, et si remarquablement semblable à celui que nous habitons, mais plus ancien et plus avancé sans doute dans la voie du progrès, peut paraître aux yeux du penseur la continuation logique et naturelle de leur existence terrestre si rapidement brisée.

Peut-être Spero était-il dans le vrai, en déclarant que la matière n'est pas ce qu'elle paraît être, que les apparences sont mensongères, que le réel c'est l'invisible, que la force animique est indestructible, que dans l'absolu l'infiniment grand est identique à l'infiniment petit, que les espaces célestes ne sont pas infranchissables, et que les âmes sont les semences des humanités planétaires. Qui sait si la philosophie du dynamisme ne révèlera pas un jour aux apôtres de l'astronomie la religion de l'avenir?

VOYAGE DANS LE CIEL

C'était à Venise. L'antique palais ducal des Speranzi avait ses hautes fenêtres ouvertes sur le grand canal, l'astre des nuits faisait miroiter sur les eaux un sillon de paillettes d'argent, et l'immensité du ciel se développait au delà des coupoles et des tours. Lorsque les musiciens portés par les gondoles eurent tourné le canal pour glisser vers le pont des Soupirs, leurs derniers chœurs s'évanouirent dans la nuit, et Venise parut s'endormir dans ce profond silence que nulle ruche humaine ne connaît, sinon la reine de l'Adriatique.

Ce silence vénitien n'était troublé que par le

battement cadencé de la vieille horloge, et je n'aurais peut-être pas apprécié toute la profondeur de ce mutisme universel si je n'y avais été invité par cette oscillation régulière d'un appareil destiné à mesurer le temps. Ce frappement monotone marquait le silence et, conséquence assez bizarre, semblait l'accroître. Assis dans l'embrasure de la haute fenêtre, je contemplais le disque éblouissant de la Lune trônant dans un ciel d'azur tout rempli de sa lumière, et je songeais que cet astre des nuits, en apparence si tranquille et si calme, avançait d'un kilomètre dans l'espace, à chacun des battements de l'horloge. Ce fait me frappa pour la première fois avec une certaine force, peut-être à cause de la solitude dont j'étais environné. Je regardais ce globe lunaire, dont on distingue assez bien à l'œil nu les anciennes mers et la configuration géographique, je songeais qu'il est peut-être encore habité actuellement par des êtres organisés autrement que nous et pouvant vivre dans une atmosphère extrêmement raréfiée; mais ce qui me frappait le plus, c'était cette révolution rapide autour de la Terre, en raison d'un kilomètre (1017 mètres) à chaque battement de la pendule, de 61 kilomètres par minute, de 3 660 kilomètres par heure, de 87,869 par jour et de 2 400 000 par révolution mensuelle. Je voyais en esprit la Lune tournant autour de nous de l'ouest vers l'est et accomplissant sa révolution en moins d'un mois. Et en même temps, je sentais, pour ainsi dire, le mouvement diurne de la Terre autour de son axe, mouvement accompli également de l'ouest vers l'est, et qui fait en apparence tourner le ciel autour de nous en sens contraire de cette direction.

Pendant que je songeais, la Lune, en effet, s'était déjà sensiblement déplacée et descendait à l'occident vers le clocher de la Chiesa. Mouvements terrestres et célestes, plus doux encore que ceux des gondoles glissant sur le miroir limpide, vous nous emportez dans la réalité comme dans un rêve, vous mesurez nos jours et nos années, et nous passons, ombres fugitives, tandis que vous durez toujours. Déjà tu brillais sur les eaux argentées par ta clarté, ô Lune silencieuse, sphinx du ciel, lorsqu'il y a des millions d'années l'humanité terrestre attendait dans les limbes des possibilités futures son éclosion si lente à venir. Des animaux étranges peuplaient les forêts dont les continents étaient couverts, des poissons fantastiques se poursuivaient au sein des flots, des vampires fendaient les airs, des crocodiles bipèdes, qui semblent les ancêtres de ceux de la mythologie égyptienne, se montraient dans les clairières, au bord des rivages. Plus tard, tu brillas aussi sur l'éclosion des premières fleurs, sur les nids des premiers oiseaux. Mais combien de nuits n'avais-tu pas éclairées de ta pâle lumière lorsque pour la première fois un regard humain s'éleva vers toi, lorsque pour la première fois une pensée humaine s'envola jusqu'à toi! Aujourd'hui tu éclaires ici-bas une humanité populeuse et active, des cités florissantes, des palais de marbre élevés au milieu des ondes. Tout à l'heure, à mes pieds, dans la gondole, un couple amoureux te prenait à témoin de serments éternels, oubliant que tes phases si rapides sont une image de nos variations et de notre brièveté. Oui, tu fus la confidente de bien des mystères, et longtemps encore la rayonnante jeunesse chantera sous les cieux son perpétuel cantique d'amour. Mais un jour tu ne trôneras plus, reine silencieuse de la nuit, que sur un cimetière de glaces, tu ne recevras plus la lumière du soleil prêt lui-même à s'éteindre, et il n'y aura plus ici d'horloges pour mesurer tes heures ni d'êtres humains pour les compter.

Ainsi je songeais, éclairé par cet intense clair de lune qui semblait agrandir toutes les ombres et creuser tous les abîmes aux pieds des palais plongeant dans l'eau noire. Ce monde voisin plane à 96 000 lieues d'ici; d'un coup d'aile, la pensée s'y transporte. Avec la vitesse de propagation de la lumière, cette distance est franchie en une seconde un tiers. Je m'envolai par la pensée jusqu'à cette lumière d'en haut, j'oubliai Venise, l'Adriatique et la Terre, et je me sentis emporté jusque bien au delà de notre atmosphère aérienne.

I

A QUATRE-VINGT-SEIZE MILLE LIEUES
DE LA TERRE

Il me sembla, en effet, m'approcher de cette pâle Phœbé et arriver subitement au-dessus de l'immense chaîne des Apennins lunaires, qui sépare la « Mer des Vapeurs » de la « Mer des Pluies » non loin du méridien central. Je reconnus, tels que je les avais si souvent observés au télescope, les cirques et les cratères d'Archimède, d'Autolycus et d'Aristillus, et je planai quelques instants au-dessus des rives escarpées de la « Mer de la Sérénité ». Il me sembla y retrouver encore la trace des eaux disparues et voir plusieurs fonds de cratères ensevelis dans un ancien déluge de boue. Je m'accoutumai d'autant plus vite à cette contemplation que les instruments de l'astronomie nous ont depuis longtemps familiarisés avec ce monde voisin et que certains détails de la géographie lunaire nous sont mieux connus qu'un grand nombre de points de la géographie terrestre. Ces cirques immenses, ces cratères encore béants, ces montagnes annulaires aux remparts abrupts, ces crêtes sauvages et dénudées, ces vallées profondes, ces crevasses du sol si multipliées, nous les avons étudiées et nous les connaissons. On aperçoit là le résultat géologique d'une activité volcanique considérable : des cratères de trois kilomètres de profondeur de cent, cent cinquante, deux cents kilomètres de large, des montagnes, des pics de six, sept mille mètres de hauteur, des plaines et des rivages où l'on retrouve encore la trace de l'action des eaux. On n'y remarque jamais aucun nuage, aucun effet d'une évaporation des eaux ou d'une condensation de vapeurs atmosphériques, l'atmosphère elle-même, si elle existe encore, ne peut être que d'une extrême raréfaction, et pourtant on croit reconnaître depuis que les moindres aspects de ce globe voisin sont étudiés avec un si grand soin, on croit reconnaître non seulement les preuves d'éboulements actuels, de changements géologiques à la surface, mais encore certaines variations assez rapides sur le sol des régions basses, où l'atmosphère peut être relativement condensée. Les conditions organiques de ce monde sont certes absolument différentes des nôtres; mais il n'est pas démontré qu'aucun genre de vie n'existe encore là, quoiqu'il soit probable que la période vitale de cette petite terre céleste soit beaucoup plus avancée que celle de notre patrie.

Ma pensée s'arrêtait avec mes regards sur cette pâle figure du satellite de la Terre, et je me demandais s'il n'y avait pas là aussi, précisément en ce moment, dans une antique cité lunaire, au fond d'un cirque ou d'une vallée, un être pensant ayant lui aussi les yeux élevés vers le ciel, contemplant dans ce ciel la Terre où nous sommes et se demandant de son côté si des êtres intelligents n'existent pas à la surface de ce globe immense qui trône perpétuellement au-dessus de leurs têtes et pose à leur curiosité la même énigme que leur patrie nous pose à nous-mêmes.

Pendant que je voyageais ainsi sur ce monde

voisin, l'astre des nuits était sensiblement descendu vers l'occident, et je remarquai à quelque distance de lui vers la gauche, une étoile brillant d'une clarté rougeâtre, lançant des rayons de feu dans les hauteurs du ciel. Je ne tardai pas à reconnaître dans cet astre aux rayons ardents notre voisine la planète Mars, et j'oubliai la Lune pour cette autre île céleste, sœur de la nôtre, qui présente avec notre séjour tant d'analogies si éloquentes.

Voilà, me dis-je, la planète la plus intéressante pour nous, celle que nous connaissons le mieux. Elle gravite autour du soleil le long d'une orbite tracée à la distance moyenne de 56 millions de lieues de l'astre central. La Terre où nous sommes parcourt sa révolution annuelle à la distance de 37 millions de lieues. Il y a donc en moyenne une vingtaine de millions de lieues de l'une à l'autre orbite. Justement Mars passe en ce moment dans la section de sa route la plus voisine de la Terre. Une heureuse circonstance fait même que les deux routes n'étant ni circulaires ni parallèles, le rapprochement entre les deux mondes arrive actuellement à quinze millions de lieues seulement. La lumière, qui emploie une seconde un tiers pour traverser l'intervalle entre la Terre et la Lune, emploie deux cents secondes ou trois minutes vingt secondes pour franchir l'abîme céleste qui sépare Mars de la Terre. Il me sembla que j'employais réellement ces trois minutes à m'envoler jusque-là, et j'oubliai entièrement la haute fenêtre de mon palais vénitien pour n'avoir sous les yeux que le nouveau monde sur lequel le vol de ma pensée m'avait transporté.

II

A QUINZE MILLIONS DE LIEUES DE LA TERRE

Ce n'est pas fort loin, astronomiquement parlant. C'est même tout proche, tout voisin d'ici : à deux pas. Le monde de Mars est la première station du système solaire, la première planète que l'on rencontre lorsqu'on s'éloigne de la Terre pour visiter les lointaines régions du ciel. A mesure qu'on s'éloigne de la Terre, notre séjour perd de plus en plus de son apparente grandeur. Vue de la Lune, notre planète plane dans le ciel comme une lune énorme, quatre fois plus large en diamètre que l'astre des nuits terrestres, et quatre fois plus lumineuse, car elle est isolée dans l'espace et réfléchit la lumière qu'elle reçoit du Soleil, comme le font la Lune et les diverses planètes du système solaire. De cent mille lieues de distance environ, la Terre paraît donc encore considérable, puisqu'elle est à peu près quatre fois plus large que la pleine lune. A la distance d'un million de lieues, elle paraît dix fois moins large en diamètre, mais offre encore un disque sensible. A la distance de l'orbite de Mars, aux époques de plus grande proximité des deux mondes, vue à quinze millions de lieues, elle n'offre plus de disque sensible, mais elle est encore l'astre le plus gros et le plus brillant du ciel tout entier. Les habitants de la planète Mars nous admirent donc dans leur ciel comme une étoile éclatante, qui leur offre des aspects analogues à ceux que Vénus nous présente : nous sommes pour eux l'étoile du matin et du soir, et sans doute leur mythologie nous a-t-elle dressé des autels.

Lorsque j'arrivai sur ce monde, c'était vers l'heure de midi au méridien central de la planète. Je remarquai deux petites lunes qui tournaient rapidement dans leur ciel, et je m'arrêtai sur le versant d'une montagne d'où la vue s'étendait au loin sur la mer. Les flots venaient battre le rivage à mes pieds, et le panorama me rappela celui que l'on admire du haut de la terrasse de l'observatoire de Nice. C'était bien, en effet, une Méditerranée aux eaux calmes, colorées d'un ton bleu-vert un peu sombre, et au premier aspect je crus même reconnaître des bois d'orangers dont les fruits d'or brillaient au soleil, mais la coloration seule était la même, car ces végétaux sont d'espèces inconnues à la Terre. Sur les flots on voyait au loin courir des navires mus par des propulseurs invisibles dont la puissance motrice était sans doute l'électricité. Dans les airs glissaient des aérostats en forme d'oiseaux-poissons, et je ne tardai pas à savoir que les habitants de cette terre céleste ont reçu de la loi de l'évolution naturelle le privilège très enviable de voler dans l'atmosphère, et que leur mode de locomotion est surtout l'aviation. La pesanteur est faible à la surface de ce monde, la densité des êtres et des objets y est beaucoup moindre que chez nous. L'art de l'ingénieur y a atteint depuis des siècles un haut degré de perfection. Ils ont accompli des travaux immenses, incomparablement supérieurs à tout ce qui a été fait en notre propre siècle sur notre planète, et ont transformé leur globe par des opérations gigantesques dont les astronomes de la Terre commencent déjà à se rendre compte par l'observation télescopique.

On s'explique facilement, du reste, que ce monde soit plus avancé que le nôtre, puisqu'il est plus ancien chronologiquement, et qu'étant plus petit que notre globe, il s'est refroidi plus vite et a parcouru plus rapidement les phases du développement organique. Ses années sont plus longues que les nôtres, ce qui est un avantage. Ses conditions d'habitabilité, ses saisons, ses climats, sa météorologie, ses jours et ses nuits sont analogues à ce qui existe chez nous. D'ici même, nous observons ses continents, ses mers, ses rivages, sa géographie, ses neiges polaires qui fondent au printemps, ses nuages, généralement très légers, assez denses vers les régions polaires, ses brumes du matin et surtout du soir, et même les modifications causées par les saisons, des inondations parfois très étendues, des lignes continentales larges et longues, en forme de canaux, qui, sous certaines conditions météorologiques bizarres, semblent se dédoubler, en un mot toutes les manifestations d'une activité plus considérable que celle qui nous est offerte par l'état actuel de la vie terrestre.

Je ne m'arrêtai sur Mars que le temps nécessaire pour prendre une idée générale de la vie qui anime ce séjour, et je me trouvai quelques instants après transporté dans le monde annulaire de Saturne.

III

A TROIS CENT MILLIONS DE LIEUES

La conception du temps, l'appréciation de la durée, sont essentiellement relatives à l'état de notre esprit. Si nous dormons d'un profond sommeil pendant sept ou huit heures, cette durée aura intercalé dans notre vie une lacune dont l'impression sur notre pensée ne laissera pas une trace plus longue que celle de dix minutes de sommeil. Les mineurs qui, lors d'un éboulement intérieur, se sont trouvés enfermés pendant cinq et six jours avant d'être délivrés, ont toujours cru n'être restés séparés du monde que pendant une vingtaine d'heures. Ensevelis le mardi, par exemple, ils ne se croyaient pas du tout arrivés au dimanche. Dans un rêve de quelques secondes on peut vivre plusieurs heures, et très lentement. Un jour, traversant une forêt, mon cheval emporté me jeta dans un ravin, et la chute ne dura certainement pas trois secondes. J'ai revu, durant ces trois secondes, au moins dix années de ma vie, dans tous leurs détails successifs et sans aucune précipitation d'événements. En certaines heures d'attente, qui n'a remarqué combien les minutes *sont* longues? etc...

L'orbite annuelle de la Terre autour du Soleil étant à la distance de 37 millions de lieues, et celle de Saturne à la distance de 355, il y a 318 millions de lieues entre les deux orbites. La lumière emploie 70 minutes à franchir cet espace. Je m'identifiai avec cette distance et avec la vitesse de la transmission de la lumière, et je vis passer bien distinctement dans ma pensée les 4 240 secondes nécessaires pour parcourir ce chemin au taux de 75 000 lieues par seconde. Pourtant je suis bien sûr de n'avoir pas employé réellement tout ce temps à me rendre sur Saturne, ni même le temps un peu moindre correspondant à la distance de Mars à la planète annulaire, car le premier coup de dix heures avait sonné à la vieille horloge lorsque j'oubliai Mars pour porter mes yeux sur Saturne, et j'étais déjà arrivé que l'heure n'avait pas encore fini de sonner.

Je m'arrêtai sur le huitième satellite, d'où l'on peut apprécier facilement la grandeur du système saturnien. L'énorme planète, dont le diamètre surpasse de neuf fois et demie celui de notre globe, dont la surface égale celle de 80 Terres réunies et dont le volume atteint 675 fois celui de notre île flottante, est entourée d'anneaux gigantesques dont le diamètre total mesure 71 000 lieues; elle trône, ceinte de cet anneau multiple, au centre d'un cortège de huit mondes circulant autour d'elle dans un système dont le rayon atteint 991 000 lieues; ce système constitue à lui seul un univers plus vaste que celui des anciens. Jusqu'à l'ère de vérité inaugurée par les conquêtes de l'astronomie moderne, aucun homme sur la Terre, aucun poète, aucun philosophe, aucun penseur, n'avait deviné la grandeur réelle des proportions suivant lesquelles l'univers est construit.

Que la Terre paraît petite, vue du système de Saturne! C'est à peine si on la voit briller de temps en temps, tous les six mois, comme un petit point lumineux, quelques instants le soir après le coucher du soleil, ou quelques instants le matin avant son lever. Elle produit incomparablement moins d'effet que les satellites de la planète, voire même les plus petits. L'un de ces satellites, d'ailleurs, Titan, est supérieur en volume aux planètes Mars et Mercure, et son diamètre égale plus de la moitié de celui de la Terre. Vus de près, de la huitième lune, sur laquelle je me trouvais transporté, ils offrent l'aspect de lunes énormes circulant dans le ciel avec des vitesses variées et offrant des phases différentes, suivant l'angle qu'ils forment avec le soleil, ce qui donne naissance aux effets les plus pittoresques. Pendant la nuit, Saturne est illuminé par un clair d'anneaux auquel s'ajoute un clair de lunes diverses, attendu qu'il y en a presque toujours plusieurs à la fois au-dessus de l'horizon.

En contemplant ce curieux système de près de deux millions de lieues de diamètre, en admirant cette étonnante réunion de neuf mondes, dont plusieurs sont actuellement habités, je songeais à l'illusion générale des habitants de la Terre, qui s'imaginent que leur séjour représente la création tout entière. Ils ont cru jusqu'ici pouvoir comprendre l'origine et la fin des choses en ne connaissant que leur demeure et sans regarder autour d'eux pour constater au moins qu'ils ne sont pas seuls au monde. Tel un moineau qui prétendrait raconter l'histoire de Paris d'après les événements qui se sont accomplis autour de son nid pendant le cours d'une saison ; tel un docteur qui, arrachant un feuillet au milieu d'un gros livre, assurerait pouvoir déterminer l'économie générale de l'ouvrage sur la seule inspection d'un fragment aussi insuffisant. Après avoir fait les plus grands efforts pour distinguer la Terre à cette distance et être parvenu à la découvrir en effet, perdue comme un minuscule petit point dans les rayons du soleil, je comprenais mieux que jamais pourquoi nulle conception philosophique ou religieuse, même parmi les plus avancées et les plus pures, n'a encore pu donner aux habitants de ce globule la solution du problème de nos destinées, et pourquoi nous devons demander cette solution à l'astronomie, à la seule science qui nous fasse connaître le rang occupé par la Terre dans l'ensemble et qui déroule devant nos regards les horizons de l'infini, les perspectives de l'éternité.

Mais je songeai en même temps que, tout considérable et tout merveilleux qu'il fût, le monde de Saturne n'était pas encore assez éloigné de la Terre pour nous affranchir entièrement de tout patriotisme local, et que sans même sortir des frontières du système solaire, nous pouvions rencontrer d'autres stations célestes plus indépendantes encore de notre voisinage solaire. J'aperçus la planète Neptune, qui gravite à la distance de plus d'un milliard de lieues du Soleil et roule le long d'une orbite immense qu'elle emploie plus de 164 ans à parcourir, et je m'y trouvai rapidement transporté.

IV.

A UN MILLIARD DE LIEUES DE LA TERRE

Dans les profondeurs de l'espace, à une distance du Soleil surpassant de trente fois celle qui nous sépare de l'astre central, sous un rayonnement de chaleur et de lumière solaires 900 fois plus faible que celui au milieu duquel vogue notre planète, plane le monde neptunien, en des conditions de vie toutes différentes de celles qui régissent la planète terrestre. Les naturalistes myopes qui affirmaient, naguère encore, avec une emphase toute pontificale, que les abîmes de l'océan sont condamnés à une stérilité éternelle, parce que les conditions de lumière et de pression sont absolument différentes de celles de la surface, ont reçu de la nature elle-même le démenti le plus brutal qui puisse jamais être infligé à la science pédante des prétendants à l'infaillibilité. Ce démenti si formel et si rude, si absolu, ne les a pas encore tous corrigés, car il en reste encore qui déclarent que la vie ne peut exister que sur les mondes identiques à celui que nous habitons. Toujours le raisonnement du poisson qui affirme, très sincèrement d'ailleurs, qu'il est impossible de vivre hors de l'eau. Laissons ces docteurs à leurs illusions et continuons notre ascension. L'Astronomie doit être la grande institutrice de la philosophie.

Le lointain monde de Neptune, sur lequel chaque année égale presque 165 des nôtres et où dix années représentent tout l'intervalle historique qui nous sépare des Romains (souvenons-nous qu'il y a 1650 ans, les Romains régnaient à Lutèce et en Gaule et que nul n'eût pu deviner la France ni aucune des nations actuelles), ce monde neptunien est bien fait pour nous apprendre à agrandir nos conceptions terrestres si étroites et si personnelles, surtout au point de vue de la mesure du temps. Le calendrier de cette planète est tout aussi exact, tout aussi précis que le nôtre, et une année neptunienne n'est pas plus longue pour les êtres lents et réfléchis qui habitent ce séjour qu'une année terrestre pour les êtres agités et pressés qui pullulent dans nos cités tourbillonnantes; cependant un adolescent de vingt ans a réellement vécu près de 3300 ans terrestres, sans se douter que ce soit là un temps qualifié de très long par les habitants de notre planète, qu'un pareil cycle reporte à l'époque d'Homère et des fastes de la Grèce antique.

Il serait impossible à l'analyse la plus habile de découvrir aucun point de comparaison entre les êtres qui vivent sur le monde de Neptune et ceux que nous connaissons sur la Terre. Aucune de nos classes, soit du règne animal, qui pourtant est si vaste et si diversifié, ni du règne végétal, ne saurait leur être appliquée. C'est un monde *autre*, absolument différent de celui-ci.

Les organismes qui vivent à la surface des différents mondes de l'espace sont la résultante des forces en activité sur chaque monde. La forme humaine terrestre a pour origine les formes ancestrales de la longue série animale d'où elle est graduellement sortie et dont elle est la plus haute émancipation, et ces formes animales primitives remontent de proche en proche, par des liens ininterrompus, jusqu'aux organismes rudimentaires, dépourvus des sens qui sont la gloire de l'homme, par lesquels la vie a inauguré ses manifestations, organismes bien rudimentaires, en effet, auxquels on hésite à donner le titre d'êtres vivants, que l'on ne peut appeler ni animaux ni végétaux, qui ne sont encore ni l'un ni l'autre, et qui nous apparaissent à l'état de substances organisées, déjà distinctes du règne inorganique, mais pourtant simples combinaisons chimiques portant en elles une sorte de vitalité confuse, protoplasma élémentaire, germe de tous les développements futurs de la vie terrestre, animale et végétale. Les premiers êtres organisés se sont formés au sein des eaux tièdes des océans qui recouvraient la surface entière du globe terrestre à l'origine des périodes géologiques. Leur nature chimique, leurs propriétés, leurs facultés, étaient déjà la résultante de la composition chimique de ces eaux, de la densité, de la température, du milieu ambiant; les variations de ce milieu et des conditions d'existence ont amené des variations corrélatives dans les développements de cet arbre généalogique, et selon que les organismes habitèrent les régions profondes, moyennes ou superficielles des eaux, les rivages, les plaines basses et humides, les pentes ensoleillées ou les montagnes, l'arbre généalogique se développa en donnant naissance à des organismes de plus en plus diversifiés. L'humanité terrestre actuelle est la dernière fleur, le dernier fruit de cet arbre. Mais toute cette vie est *terrestre*, depuis ses racines jusqu'à son sommet, et sur chaque monde l'arbre est différent. La vie est neptunienne sur Neptune, uranienne sur Uranus, saturnienne sur Saturne, sirienne dans le système de Sirius, arcturienne dans celui d'Arcturus, c'est-à-dire appropriée à chaque séjour ou pour mieux dire, plus rigoureusement encore, produite et développée par chaque monde selon son état physique et suivant une loi primordiale à laquelle obéit la nature entière : la loi du **Progrès**.

Cette immense symphonie de la vie appropriée à chaque monde selon les conditions de l'espace et du temps se développe comme un chœur universel dont les parties seraient séparées les unes des autres par des déserts d'espace et par des éternités de durée. Elle nous paraît discontinue parce que nous ne pouvons en entendre qu'une note à la fois. Mais, en réalité, absolument parlant, il n'y a ni temps ni espace. Jupiter ne sera habité par des êtres pensants que des millions d'années après la Terre. Au point de vue de l'absolu, la différence de date n'est pas plus grande que la journée qui sépare hier d'aujourd'hui.

Tout cela se passe, s'effectue, s'accomplit naturellement, et comme si Dieu n'existait pas. Et, en effet, l'être que les habitants de la Terre ont appelé dieu jusqu'ici n'existe pas. Le Bouddha des Chinois, l'Osiris des Égyptiens, le Jéhovah des Hébreux, le Jupiter des Grecs, Dieu le Père ou Dieu le Fils des chrétiens, ou le grand Allah des musulmans, sont des conceptions humaines, des personnifications créées par l'homme et dans lesquelles il a incarné non seulement ses aspirations les plus hautes et ses vertus les plus sublimes, mais encore et surtout ses prévarications les plus grossières et ses vices les plus pervers. C'est au nom de ce prétendu dieu que des monarques et des pontifes ont, dans tous les siècles et sous le couvert de toutes les religions, asservi l'humanité dans un esclavage dont elle ne s'est pas encore affranchie ; c'est au nom de ce dieu qui « protège l'Allemagne », qui « protège l'Angleterre », qui « protège l'Italie «, qui « protège la France », qui protège toutes les divisions et toutes les barbaries, que de nos jours encore les peuples soi-disant civilisés de notre planète sont perpétuellement armés en guerre les uns contre les autres et excités comme des chiens furieux à se précipiter dans une mêlée au-dessus de laquelle l'hypocrisie et le mensonge assis sur les marches des trônes font régner le « dieu des armées » qui bénit les poignards et plonge ses mains dans le sang fumant des victimes pour en marquer au front les potentats couronnés. C'est au nom de ce dieu que les pontifes ont fait ignominieusement monter sur le bûcher Jeanne Darc, Jordano Bruno, Étienne Dolet, Jean Huss et tant d'autres héroïques victimes, qu'ils ont condamné Galilée et béni la Saint-Barthélemy; que les étendards de Mahomet ont couvert l'Europe d'armées d'assassins ; que tous les rois du « peuple de dieu » n'ont pas cessé de verser le sang humain; que Gengiskhan et Tamerlan marquaient les routes de leurs conquêtes par des pyramides de têtes coupées. C'est à ce dieu que l'on élève des autels et que l'on chante des *Te deum*. Symbole de l'oppression des peuples, de l'assassinat et du vol, cet être infâme n'existe pas, n'a jamais existé.

Il est étrange que l'homme, tout grossier, tout sauvage, tout barbare qu'il est encore, à peine sorti de la carapace de l'ignorance primitive, incapable, comme il l'est, de connaître même son propre corps, ayant à peine commencé d'épeler le grand livre de l'univers, ait osé, de bonne foi, inventer Dieu. Il ne connaît pas sa fourmilière et il a eu la prétention de découvrir l'Inconnaissable ! A une époque où l'on ne savait absolument rien, où l'astronomie, la physique, la chimie, l'histoire naturelle, l'anthropologie, n'étaient pas encore nées, où l'esprit, faible, vagissant, n'était entouré que d'illusions et d'erreurs, l'audace humaine a conçu les religions prétendues révélées et les dieux placés à leur tête ! Que Confucius, Bouddha, Moïse, Socrate, Jésus ou Mahomet aient rêvé donner aux hommes un code de morale destiné à les dégager de la barbarie et à les élever dans l'idée du bien, de telles tentatives, de telles œuvres ne peuvent que recevoir les hommages et l'admiration de tous ceux qui ont souci du progrès intellectuel et moral de l'humanité. Que les fondateurs et les organisateurs des rites religieux aient placé à la tête de chaque culte un être idéal inattaquable au nom duquel ils prétendaient commander, on peut encore reconnaître là une œuvre utile au point de vue social, mais dont la valeur ne sort pas de l'ordre social et n'a pas d'autre but que l'intérêt général des hommes et des sociétés. Mais que ces dieux inventés par les hommes aient été considérés comme existant réellement — dans un ciel d'ailleurs absolument imaginaire et détruit dès les premières conquêtes de l'astronomie; — qu'ils aient été et qu'ils soient encore adorés par une partie du genre humain et qu'en notre époque même des chefs d'État fassent de la politique au nom du droit divin, montrent l'empreinte du « doigt de Dieu » sur les plaies les plus monstrueuses du corps social, et décorent de l'image d'une providence locale leurs drapeaux de batailles, comme aux temps de Jeanne d'Arc, de Constantin ou de David, il y a là un anachronisme choquant, un mélange d'imposture et de crédulité, d'hypocrisie et de sottise indigne de l'ère d'étude loyale et positive en laquelle nous vivons, et qui ferait prendre en mépris, par tout homme indépendant, tous les fonctionnaires qui vivent aux dépens d'un pareil système.

La recherche de la nature de la cause première — je ne dis pas la « connaissance de Dieu », prétention digne d'un théologien et absurde en soi — mais seulement la *recherche* de l'Être absolu, de l'origine de l'énergie qui soutient, anime et régit l'univers, de la force qui agit universellement et perpétuellement à travers l'infini et l'éternité et donne naissance aux apparences qui frappent nos yeux et sont étudiées par nos sciences, cette *recherche*, dis-je, ne pouvait pas être entreprise, ni même légitimement conçue, avant les premières découvertes de l'astronomie et de la physique modernes, c'est-à-dire avant les investigations de Galilée, de Képler et de Newton. Il n'y a pas plus de deux siècles que l'idée religieuse pure, affranchie des idolâtries, des mythologies de tout ordre, des erreurs et des superstitions produites par l'ignorance primitive, il n'y a pas plus de deux siècles que cette idée a pu surgir de l'évolution scientifique moderne. Toutes les religions actuellement existantes ont été fondées aux époques d'ignorance, où l'on ne savait *rien*, ni sur le ciel ni sur la terre. La vraie religion, c'est-à-dire l'union des esprits libres dans la recherche de la Vérité, ne pourra être que l'œuvre d'une époque telle que la nôtre, dans laquelle quelques esprits courageux et désintéressés se seront dégagés de l'hypocrisie des fausses doctrines, ne seront pas tombés pour cela dans l'athéisme puéril des gens superficiels qui ne voient pas plus loin que l'écorce, et qui appliqueront sincèrement et librement toutes les branches de la science à la recherche de la constitution intime de l'univers et de l'être humain. L'avenir nous instruira. Aujourd'hui nous savons peu : nous commençons seulement à apprendre.

Celui qui a fait plusieurs fois le tour du globe terrestre, qui a visité l'Europe et l'Asie, l'Afrique et les deux Amériques, raisonne sur un mode incomparablement plus large, au point de vue de l'histoire et de l'état de l'humanité, que celui qui n'est jamais sorti de son village ou de sa province. Entre les idées étroites, incomplètes, illusoires, fausses de celui-ci et les appréciations générales, justes, judicieuses, exactes, du premier, il y a la différence de la nuit au jour.

A un milliard de lieues de la Terre, le jugement

que nous pouvons porter sur les œuvres humaines est tout autre que celui dont nous sommes satisfaits ici-bas. Nous contemplons le système solaire tout entier dans sa grandeur, nous reconnaissons l'exiguïté de notre minuscule planète au point de vue de l'espace qu'elle occupe, comme au point de vue du temps mesuré par son mouvement annuel si rapide autour du Soleil, nous sentons que les appréciations terrestres habituelles doivent être empreintes de ces sentiments étroits et vulgaires enfermés dans l'horizon d'un village, et nous nous trouvons en situation de juger avec plus de liberté, d'indépendance et d'intégrité, l'immensité de la création.

Mais quelque éloignée que la planète Neptune soit de notre patrie terrestre, cependant, elle appartient encore au même système de mondes et fait partie comme nous de la famille du Soleil. D'autres planètes, encore inconnues des astronomes de la Terre, gravitent au delà de Neptune, la première à la distance de 48 fois celle de la Terre au Soleil, c'est-à-dire à un milliard sept cent millions de lieues, sur une orbite immense qu'elle n'emploie pas moins de 330 années à parcourir. Le voyage céleste dont je résume les perspectives m'emporta au delà de ces régions extérieures du domaine solaire. M'élançant dans le ciel infini, j'atteignis un autre système en pénétrant dans le domaine cosmique d'une étoile.

V

A HUIT MILLE MILLIARDS DE LIEUES

Chaque étoile est un soleil, resplendissant de sa propre lumière. Le Soleil qui nous éclaire est 1 284 000 fois plus volumineux que la Terre et 324 000 fois plus lourd. Les dimensions et les masses des étoiles sont du même ordre. Un grand nombre sont beaucoup plus volumineuses et leurs masses sont plus considérables encore.

Vers quelque étoile que nous nous dirigions, en nous approchant d'elle, nous nous approchons d'un soleil, d'une fournaise éblouissante. Ces innombrables foyers de lumière, de chaleur, d'électricité, d'attraction, ne se réduisent pour nous au minuscule aspect de simples points lumineux qu'à cause de l'immensité des abîmes qui nous en éloignent. Le soleil le plus proche, l'étoile la plus voisine, flamboie à 222 000 fois la distance qui nous sépare du Soleil, soit à huit mille milliards de lieues d'ici.

En voyageant avec la vitesse d'un train express lancé dans l'espace en raison de 60 kilomètres à l'heure et nous rendant en ligne droite à l'étoile la plus proche, sans aucun ralentissement ni aucun arrêt, nous n'arriverions à notre but qu'après un vol ininterrompu de 60 millions d'années !

En voyageant avec la vitesse du projectile le plus rapide que les plus ingénieux massacreurs d'hommes aient encore obtenue, vitesse que nous pouvons évaluer au double de celle du son, soit à 680 mètres par seconde, il nous faudrait encore un million et demi d'années pour franchir cette distance. Si cette étoile éclatait en une explosion formidable, et si le bruit de la catastrophe pouvait nous être transmis à la vitesse ordinaire du son dans l'air, nous n'entendrions cette explosion que trois millions d'années après le jour où elle se serait produite !

Nous verrions encore l'étoile briller tranquille-

ment au ciel pendant trois ans et six mois après
la catastrophe qui l'aurait détruite, parce que la
lumière se transmet dans l'espace avec la vitesse de
trois cent mille kilomètres ou soixante-quinze mille
lieues par seconde et devrait marcher avec cette
vitesse constante pendant trois ans et six mois
avant d'arriver jusqu'à nous.

Vu de cette distance, notre éclatant soleil est
réduit au rang de simple étoile. Les mondes qui
gravitent autour de lui, la Terre, Vénus, Mars,
Jupiter, Saturne et leurs frères de la famille solaire
sont resserrés contre lui par la perspective de
l'éloignement et invisiblement perdus dans ses
rayons.

Cherchées de si loin, considérées dans l'ensemble sidéral, ces provinces de l'empire solaire sont reconnues comme insignifiantes par l'esprit même le plus optimiste. Elles n'existeraient pas, que les soleils de l'infini n'en verseraient pas moins tout autour d'eux leurs rayonnements de lumière et de vie. Notre planète, qui nous semble si importante, devient un point microscopique impossible à découvrir pour des sens tels que les nôtres, et son histoire tout entière semble, écoutée de si loin, le vol d'une libellule, et moins encore, puisqu'il faut la connaître pour deviner qu'elle existe. C'est alors surtout que les prétentions des pontifes et l'assurance dogmatique de leurs adeptes éclate dans tout son ridicule.

Je m'étais senti transporté dans le système de cette étoile, la plus proche de toutes celles dont on ait mesuré la distance, et qui appartient comme on le sait à la constellation du Centaure : c'est l'étoile alpha de cette constellation. Ce système est curieux et plus intéressant que le nôtre. Au lieu d'un seul soleil analogue à celui qui nous éclaire, deux soleils jumeaux gravitent là l'un autour de l'autre, en une période égale à 84 de nos années, séparés l'un de l'autre par une distance de 723 millions de lieues. Ces soleils jumeaux sont tous deux d'un éclat considérable (1re et 2e grandeur, vus d'ici) et bien supérieurs au foyer de notre système. Des planètes circulent autour de chacun de ces flambeaux, serrées sous leur aile protectrice, puisant dans leur rayonnement les sources de leur fertilité et de leur vie, illuminées par deux soleils différents, tantôt réunis dans un même ciel, tantôt séparés et alternatifs, différant de grandeur et d'éclat selon les variations de distances provenant des révolutions de ces mondes autour de leurs centres respectifs.

Ce sont là des conditions d'existence bien différentes de celles qui régissent les destinées de la Terre et des planètes de notre groupe. Deux soleils ! Quelles alternatives bizarres de saisons ! quelles variations dans les climats ! quelles transformations dans les modes sans doute très rapides de la vitalité ! quelle complication dans le calendrier, dans la succession des années, des étés et des hivers, des jours et des nuits ! Combien le seul fait de l'existence d'un tel système, relativement voisin d'ailleurs et déjà bien connu des astronomes terrestres, ne témoigne-t-il pas en faveur de la variété infinie répandue dans les parterres étoilés du cosmos !

Quelle multiplicité de manifestations des diverses forces de la nature a dû se produire au sein de cette richesse de déploiements solaires ! manifestations étrangères aux phénomènes étudiés sur notre planète, et qui sont sans doute senties, appréciées, par des sens absolument différents de ceux qui existent dans les organisations terrestres, sens éveillés, déterminés, développés, en ces mondes lointains, par ces forces naturelles elles-mêmes.

Sur des mondes éclairés, échauffés et régis par deux soleils, la vie n'a pu apparaître et s'organiser qu'en des formes bien différentes des formes terrestres, jouissant sans doute d'une double vie alternative, servies par d'autres modes de perception, par d'autres organes, par d'autres sens. L'état de la vie terrestre ne peut plus être considéré par le penseur, par l'astronome, par le physiologiste, comme le type de la vie universelle. Tout ce que nous pourrions apprendre, étudier, connaître sur la Terre, ne sera jamais qu'une partie infinitésimale et absolument insuffisante de l'immense réalité répandue dans les créations sans nombre de l'infini.

Pourtant, il est un point sur lequel il importe d'insister avant de poursuivre plus loin nos investigations célestes, c'est que, quelle que soit la variété des systèmes stellaires, quelles que soient les différences de volumes, de températures, de densité, d'illumination, d'électrisation, de mouvements, de constitution physique ou chimique, etc., des divers globes qui peuplent l'immensité de l'univers, tous ces mondes sont reliés entre eux par une même puissance invisible, impondérable, qui les rattache tous en un réseau d'une sensibilité extrême. L'étendue prodigieuse des distances qui séparent ces systèmes les uns des autres n'empêche pas qu'ils ne se sentent entre eux, comme s'ils étaient rattachés par des liens matériels. La distance de la Terre à la Lune est de 96 000 lieues : la Lune agit constamment sur toutes les molécules de notre globe, comme la Terre entière, et chacun de nous pèse un peu moins lorsque cet astre brille au sommet du ciel que lorsqu'il descend à l'horizon. La distance du Soleil à la Terre est de 37 millions de lieues : le Soleil fait marcher notre planète avec une énergie correspondante à cette distance, et la Terre à son tour déplace le Soleil dans les cieux. La distance du Soleil à Neptune surpasse un milliard de lieues : l'astre central agit sur ce monde lointain, le fait circuler autour de lui, et réciproquement Neptune fait tourner le Soleil autour de leur centre commun de gravité, situé à 230 000 kilomètres du centre solaire. Jupiter dérange le Soleil de 733 000 kilomètres, Saturne de

400 000. La Lune dérange la Terre de 4 680 kilomètres. A son tour, Jupiter agit sur la Terre, celle-ci sur Vénus, et ainsi de suite. En vertu de cette influunce réciproque de tous les corps célestes les uns sur les autres, pas un seul point ne peut rester en repos un seul instant, et aucun astre ne peut jamais revenir une seule fois en un lieu précédemment occupé. Tout ce que l'on appelle « matière » est en vibration perpétuelle sous la puissance irrésistible d'une « force » invisible, intangible, impondérable.

C'est là un fait capital, dont la notion importe fort à la conception que nous pouvons nous former sur la nature réelle de l'univers. Nous avons dit tout à l'heure que la distance qui sépare notre soleil du soleil alpha du Centaure est de huit mille milliards de lieues : cette distance est traversée par l'attraction. En réalité, ces deux astres ne sont pas absolument séparés.

Ils se connaissent, ils ressentent leur attraction mutuelle, et ils ressentent celle de tous les soleils de l'immensité. Ils voguent, notre soleil avec une vitesse évaluée à 74 millions de lieues par an, Alpha du Centaure avec une vitesse évaluée à

150 millions de lieues. Les autres soleils dont la distance et la marche sont connues ne volent pas moins vite dans le ciel infini.

Notre soleil et ses pairs sont emportés dans l'espace par une force invisible qui n'est autre que l'attraction combinée des innombrables soleils constituant notre univers. Que cette « force » d'attraction soit une propriété inhérente à chaque atome de matière, ou que ces atomes théoriques, auxquels on réduit l'apparence sensible appelée « matière » pour l'explication des phénomènes observés, soient des centres de force, des points mathématiques de concentration, ou des nœuds, des entre-croisements dans les ondulations et les vibrations de l'éther, le fait qui domine dans notre contemplation analytique de l'univers est que les mondes innombrables dont l'espace est peuplé ne sont pas isolés les uns des autres, mais réunis par une communication perpétuelle et indestructible. C'est là un *fait* capital. Et ce qui n'est pas moins digne d'attention est que ce genre de communication entre les mondes ne puisse pas être mieux défini que par le mot *attraction*.

L'attraction est donc la loi suprême entre les

mondes, entre les atomes, entre les êtres. Les étoiles qui gravitent dans les profondeurs de l'immensité, la Terre qui circule dans le rayonnement solaire, la Lune qui soulève les marées à la surface de l'océan, les molécules de la pierre ou du fer qui adhèrent entre elles, en vertu de l'attraction moléculaire, la plante qui pousse ses racines dans le sol nourricier ou élève sa tige à l'appel de la lumière, la fleur qui se tourne vers le soleil, l'oiseau qui vole de branche en branche en cherchant la place du nid, le rossignol qui charme, de son cantique incomparable, les doux mystères de la nuit, l'homme dont le cœur se trouble, suspend ou précipite son cours à l'apparition d'un être aimé, au son de sa voix, au souvenir de son image, tous ces êtres, toutes ces choses, obéissent à la même loi, à l'attraction universelle qui, sous des formes diverses, régit la nature entière et la conduit... vers quoi? vers une autre attraction encore, vers l'attraction de l'inconnu !

Au milieu de l'ignorance de l'absolu en laquelle nous gisons malgré toutes les tentatives de la science, si multipliées, si courageuses, si persévérantes, ce fait de l'existence d'une telle force réunissant entre eux tous les mondes doit être apprécié par nous à sa valeur. Nous ne saurions exagérer son importance.

Ne l'oublions plus : les mondes sont en communication entre eux par l'attraction.

VI

A CENT MILLIONS DE MILLIARDS DE LIEUES

Continuant mon voyage céleste, je quittai le système du soleil alpha du Centaure pour m'élancer dans les profondeurs étoilées de la Croix du Sud. Je traversai des plages ensoleillées et des déserts de nuit, passant de soleils en soleils, de systèmes en systèmes, voyant fuir tout autour de moi les étoiles qui m'éblouissaient un instant pour s'enfoncer dans la nuit infinie. L'état normal de l'univers est la nuit et le silence. Il n'y a de lumière qu'autour des soleils et des mondes; il n'y a de bruit que dans leur voisinage immédiat, dans leurs atmosphères. En côtoyant des groupes stellaires, je remarquai des terres énormes roulant dans une lumière étrange pour nous, et je crus parfois ressentir des chocs électriques, des frémissements magnétiques, certaines sensations indéfinissables m'avertissant par une sorte de malaise, que de telles sphères sont inhabitables pour notre mode d'existence et animées par des êtres qui sentent autrement que nous, voient autrement que nous, pensent autrement que nous. Je me souviens notamment d'avoir vu passer dans mon vol un groupe de mondes multicolores éclairés par trois soleils : un rouge rubis, un vert émeraude et un bleu saphir, et si singulièrement illuminés par cette fausse lumière — fausse pour nous, naturelle pour eux — que je me demandai si je n'étais pas le jouet d'un songe et si réellement de telles créations pouvaient exister, ce dont cependant je n'aurais point dû douter un seul instant, puisque j'avais moi-même observé des centaines de fois au télescope ces associations de soleils colorés si connues des astronomes. Je m'arrêtai, m'approchai de l'un de ces mondes et le vis habité par des êtres qui semblaient tissés de lumière, aux yeux desquels, très certainement, les habitants de notre planète paraîtraient tellement sombres, lourds et grossiers, qu'ils se demanderaient à leur tour si nous vivons réellement et si nous nous sentons vivre.

Ce sont là des astres peuplés par des organismes aériens dont l'éclat laisse loin au-dessous de lui la chair de nos roses les plus fraîches et de nos lys les plus purs. Ces êtres vivent de l'atmosphère même qu'ils respirent, sans se voir condamnés, comme les habitants de notre planète, à massacrer perpétuellement des animaux innombrables pour en remplir leurs corps. Leur beauté, leur éclat, leur légèreté me firent souvenir, par contraste, des conditions exigées par la vie terrestre. Je songeai que la force brutale règne ici en souveraine, que des millions d'êtres vivants y sont tués chaque jour pour assurer l'existence des autres, que la guerre est une loi naturelle entre les animaux, et que l'humanité est encore si peu dégagée de la barbarie animale, que presque tous les peuples continuent d'accepter, comme aux temps primitifs, l'esclavage et la servitude. Je constatais, étant si loin de la Terre, que l'ineptie des citoyens de cette planète est véritablement colossale. « Les millions d'hommes qui peuplent actuellement l'Allemagne (pourquoi songeai-je à cette nation plutôt qu'à une autre? peut-être parce qu'elle est plus disciplinée, plus militaire, moins avancée que ses voisines dans le sentiment de la Liberté), ces millions d'hommes, disais-je, ne s'aperçoivent pas qu'ils sont les esclaves d'un État-Major, ni plus ni moins que ceux d'un roi de l'Afrique centrale. Que seraient les chefs de ce pays sans le militarisme? Rien. Incapables même de gagner de leurs mains leur seule existence, ils n'existent que par la soumission de ceux qui les nourrissent. Par des phrases retentissantes, par les mots sonores de gloire et de patrie, ils exploitent l'imbécillité de ces millions d'esclaves, lesquels, au premier signal, éprouvent un sublime bonheur à s'élancer au carnage, au pillage et à la mort. Qu'ils refusent cet esclavage, ils sont libres; mais l'idée ne leur en vient même pas! Et pour se garantir contre le brigandage organisé par une centaine de malfaiteurs exploitant la bêtise humaine, l'Europe tout entière entretient des armées permanentes, enlève ses hommes au travail utile et fécond et jette toutes ses forces, toutes ses ressources, dans un gouffre sans fond. Elle en est heureuse, elle en est fière, elle s'en glorifie! On fait admirer aux enfants à peine éclos les merveilles du patriotisme militaire, et tous les citoyens, chez tous les peuples, sont élevés dans la haine glorieuse de leurs voisins. Intelligente humanité! ravissante planète! »

Vue de cette distance, la politique des États terrestres me paraissait d'une barbarie regrettable. Mais en y arrêtant plus longuement mon souvenir je me rappelai que la loi d'évolution transforme assez rapidement la face des choses. Il est peut-être utile au Progrès, pensai-je, que l'Europe se précipite dans une chute aussi aveugle. Elle représente sur la Terre le vieux monde avec tous ses préjugés de castes et d'antique servitude. L'entretien du militarisme amènera sa ruine à bref délai, tandis que le nouveau monde américain grandira dans la paix et dans la liberté. Tout est pour le mieux : ne souhaitons aucun dérangement dans la machine sociale, suffisamment caduque pour s'arrêter bientôt toute seule. La lumière de la civilisation brillera à l'ouest de l'Atlantique, après s'être éteinte à l'est, consumée par elle-même. Mais, au fond, que jusqu'à l'époque où nous sommes les habitants de la Terre ient, en général, fait consister leur plus grand bonheur et leur plus haute gloire dans les tueries internationales, c'est un sentiment comme un autre. Chaque arbre porte le fruit correspondant à son espèce ; les tortues ou les ours ne sauraient ambitionner les ailes de l'hirondelle ou le chant de la fauvette. La gloire des Alexandre, des César, des Charlemagne, des Tamerlan, des Napoléon, des Bismarck, étant de l'ordre des instincts des animaux carnassiers ne dure guère plus longtemps qu'un dîner brutal, et quelques années suffisent pour tout effacer dans l'histoire même de la planète.

Quant à la valeur même de cette histoire et de la planète tout entière, j'essayai de chercher dans l'espace, non seulement la Terre, depuis longtemps invisible, mais encore notre soleil ; mais je ne pus parvenir à retrouver ni ce soleil, ni même aucun de ses brillants voisins, tels que alpha du Centaure ou Sirius, ni aucune des étoiles que l'on voit de la Terre. Toute la région de l'espace où gravite notre île flottante s'était depuis longtemps évanouie comme un point insignifiant dans les profondeurs de l'immensité... Austerlitz, Waterloo, Sébastopol, Magenta, Sadowa, Reichshoffen, Sedan : agitations microscopiques dans une fourmilière lilliputienne, amusements d'enfants friands de sang et de fumée. Pourquoi les blâmer, pourquoi les plaindre! Ils font ce qui leur plaît, et personne ne les y force. Ce sont peut-être les astronomes qui ont tort de ne pas comprendre clairement la valeur des patries.

Le système de soleils multiples et colorés, dont l'éblouissante richesse organique m'avait inspiré ce retour vers le crépuscule terrestre, plane dans les cieux à une distance d'environ douze mille cinq cents fois celle de notre étoile voisine alpha du Centaure, c'est-à-dire à environ cent millions de milliards de lieues. La lumière met plus de quarante-trois mille ans pour traverser cette distance.

Toutefois, ce n'est pas là un éloignement extraordinaire, astronomiquement parlant.

L'astre le plus brillant de notre ciel, Sirius, transporté à cette distance, serait seulement 3500 fois plus loin qu'il n'est en réalité, et nous enverrait douze millions de fois moins de lumière. Ce serait encore un point perceptible pour les nouveaux procédés photographiques : ce serait une étoile télescopique de dix-huitième grandeur.

Cette borne sidérale serait loin de marquer les limites de notre univers, qui paraît s'étendre jusqu'au delà des étoiles de la vingtième grandeur, et qui, selon d'ingénieux calculs, paraît renfermer un nombre de soleils s'élevant à plusieurs milliards.

En effet, à mesure que j'avançais dans mon voyage céleste, je franchissais des abîmes nouveaux et découvrais au loin devant moi, au-dessus de moi, des étoiles nouvelles qui devenaient soleils, éclataient dans la nuit, paraissaient, les unes simples, les autres doubles, triples, quadruples, quintuples, rayonnantes d'une lumière argentée ou dorée, ou bien émettant les couleurs les plus variées et les plus vives, me laissant deviner au passage les terres célestes peuplées d'humanités inconnues qui flottent dans leur rayonnement, puis roulaient et disparaissaient au-dessous de moi dans la nuit. Des mouvements variés les emportaient à travers toutes les directions de l'espace, comme ces globes lumineux qui irradient des bouquets de feux d'artifice, et tout semblait fuir en une pluie étoilée.

Lorsque j'eus atteint les confins de notre univers, les soleils et les systèmes devinrent plus clairsemés ; et comme je continuais mon ascension je demeurai au sein d'un vide noir et désert d'où, étant emporté extérieurement à notre univers, je pus seulement saisir l'ensemble et la forme de cet univers, lequel me parut analogue à l'un des nombreux amas d'étoiles que l'on observe dans les champs télescopiques, et devint de plus en plus petit à mesure que je m'éloignais dans les profondeurs de l'espace extérieur.

Alors, dans la nuit infinie, j'aperçus au-dessus de moi un autre univers qui planait dans l'espace comme une nébuleuse pâle et lointaine, et je compris que tout ce que nous voyons de nos yeux pendant la nuit la plus profonde, et tout ce que la vision télescopique nous a déjà permis de découvrir ne représente, dans l'infini, qu'une région locale dans un univers, et qu'il y a d'autres univers que celui dont notre soleil est une étoile.

VII

DANS L'INFINI

J'approchai de ce second univers qui s'avançait, en s'agrandissant, comme un archipel d'étoiles, et je ne tardai pas à atteindre ses premiers faubourgs. En le traversant dans toute son étendue, je reconnus qu'il est, lui aussi, composé de plusieurs milliards de soleils éloignés les uns des autres par des milliers de milliards de lieues; puis je trouvai au delà un autre désert obscur analogue à celui que j'avais dû franchir pour atteindre ce second univers.

Poursuivant mon essor, j'en vis apparaître un troisième, et je le traversai. Un quatrième lui succéda, puis un autre, et encore un autre. Et quand je traversais les déserts qui les séparent, de quelque côté que ma vue essayât de plonger dans l'abîme, toujours et partout elle découvrait au loin de nouveaux univers.

Alors je compris que toutes les étoiles que l'on a jamais observées au ciel, que les millions de points lumineux qui constituent la Voie lactée, que les corps célestes innombrables, soleils de toutes grandeurs et de toutes lumières, systèmes variés, planètes, satellites, qui par millions et par milliards se succèdent tout autour de nous dans l'immensité, que tout ce que les langues humaines ont désigné sous le nom de ciel ou sous le nom d'univers, ne représente, dans l'infini, qu'un archipel d'îles célestes, et dans la population du grand tout qu'une cité, *une ville* plus ou moins importante.

Dans cette cité de l'empire sans bornes, dans cette ville du pays sans frontières, notre soleil et son système représentent un point, *une maison*, au sein de millions d'autres demeures analogues. Notre système solaire est-il palais ou chaumière dans cette ville immense? Plutôt chaumière.

Et la Terre? C'est *une chambre* dans la maison solaire, pauvre demeure, aussi minuscule que modeste.

Ainsi, dans l'économie générale de la nature, notre monde tout entier n'a pas plus d'importance que n'en a une très pauvre chambre au sein d'une maison considérable ; cette maison, à son tour, est perdue au milieu d'une ville immense ; et cette ville immense, qui pour nous représente l'univers entier, n'est pourtant, en fait, qu'*un* univers, au delà duquel, dans toutes les directions de l'espace, existent d'*autres univers*.

Qu'il y a loin de cette réalité aux prétentions humaines, antiques et actuelles, qui s'imaginent que notre monde remplit l'infini, que Dieu arrête le Soleil pour éclairer un combat de Josué, de Charlemagne ou de Charles-Quint, et que le grand Semeur d'étoiles s'est fait anthropomorphe pour habiter parmi nous !

Quelle naïveté chez les théologiens sincères ! quelle imposture chez les chefs d'État qui osent encore s'investir du titre de mandataires de Dieu pour asservir les peuples ! Les véritables athées ne sont-ils pas ces hommes, ou ignorants, ou menteurs, qui font de la plus sublime des idées la complice de toutes leurs médiocrités, et les véritables déistes ne sont-ils pas les chercheurs indépendants dont la seule ambition est de remonter laborieusement aux causes et d'approcher graduellement de la Vérité ?

De quels bizarres systèmes religieux l'humanité terrestre n'a-t-elle pas enveloppé jusqu'ici son imagination inféconde! L'israélite, qui croit être agréable à « Dieu » en pratiquant la circoncision ou en achetant un couteau neuf pour être sûr qu'il n'a pas touché la graisse de porc; le chrétien qui s'imagine faire descendre « Dieu » sur une table, et auquel les prédicateurs racontent que les prières et les jeûnes ont une influence sur la météorologie et l'agriculture (*); le musulman qui voit la porte du paradis de Mahomet ouverte devant lui lorsqu'il poignarde un missionnaire; le fanatique qui se précipite sous les roues du char de Jaggernaut; le bouddhiste qui reste fasciné dans la contemplation béate de son nombril ou fait manœuvrer un moulin à prières pour racheter ses péchés, se font assurément de l'Être inconnu et *inconnaissable* la plus singulière, la plus puérile des idées.

Toutes ces petitesses d'esprit étaient en rapport

(*) Sermon entendu à Paris, en l'église Saint-Séverin, le 15 mars 1888.

avec l'illusion primitive de la petitesse de l'univers, considéré comme une sorte d'écrin tapissé de clous d'or enfermant la Terre en son milieu. Certes, l'Astronomie n'aurait-elle eu d'autre résultat que d'*agrandir nos conceptions générales* et de nous montrer la relativité des choses terrestres au sein de l'absolu, de nous *affranchir* de cet antique esclavage de la pensée et de nous rendre libres devant l'infini, qu'elle mériterait notre vénération et notre reconnaissance éternelles, car sans elle nous serions encore incapables de penser juste.

Quelques conservateurs du passé m'objecteront peut-être qu'il y a, en France même, à l'Observatoire de Paris même, des astronomes qui communient, disent leur chapelet et portent des cierges dans les chapelles. Oui, sans aucun doute, le fait est indéniable. Un tel phénomène psychologique a deux explications. Ou ces êtres hybrides sont sincères, ou ils ne le sont pas. S'ils sont croyants, ils sont illogiques et en désaccord perpétuel avec leur raison scientifique, et alors on ne peut que s'étonner de l'étrange arrangement que leur conscience est capable de consentir entre deux conceptions de la nature absolument en contradiction l'une avec l'autre. Mais on ne peut évidemment la justifier.

Dans le second cas, c'est hypocrisie, mensonge, fourberie, intérêt personnel, et ce genre de conscience est jugé par tout honnête homme.

Ces anomalies et ces retards n'empêchent pas l'Astronomie d'avoir donné la lumière et l'indépendance aux esprits qui la comprennent et qui ont le courage et la franchise de leur opinion.

Mais en racontant mon rêve vénitien, je n'ai point l'intention d'entrer dans aucune polémique ni même d'entamer aucune dissertation étrangère à mon sujet, et je me hâte de revenir à mon voyage sidéral et d'en décrire la dernière phase.

J'avais donc traversé plusieurs univers analogues à notre Voie lactée, univers séparés les uns des autres par des abîmes de néant, et l'aspect qui m'avait le plus frappé dans cette contemplation générale, c'était d'avoir remarqué un grand nombre d'humanités étrangères à la nôtre, vivant dans les diverses régions de l'espace, de leur vie propre, emportées chacune en sa destinée par le tourbillon de ses affaires personnelles. Oui, pendant que les habitants de la Terre rapetissent la création à leur taille, des milliers, des millions, des milliards d'autres humanités vivent, à tous les degrés de la hiérarchie intellectuelle, en des systèmes solaires qui, pour eux, sont le centre de leur sphère d'observation, et loin desquels notre patrie terrestre est perdue dans un éloignement infini.

Je remarquai aussi des mondes défunts. C'est un fait digne d'attention que toute existence tend à la mort. Les êtres ne naissent que pour mourir ; les mondes n'atteignent les périodes de la vitalité que pour descendre ensuite de leur apogée et arriver à la décadence et à la tombe ; les soleils ne s'allument que pour s'éteindre. La mort serait donc la loi suprême, le résultat final.

Le mathématicien peut calculer dès aujourd'hui avec une grande approximation l'époque à laquelle notre soleil sera éteint, et où la Terre roulera dans la nuit éternelle comme un cimetière glacé. L'histoire entière de l'humanité terrestre aura abouti au néant le plus absolu. Le temps viendra où les ruines mêmes seront détruites.

Par suite de la tendance de l'énergie à s'établir en équilibre stable dans l'univers, la vie aura une fin, sur la Terre et sur chacun des mondes.

Si tout nous paraît ainsi tendre à l'extinction et

à la mort, c'est parce que nous ignorons encore le secret de la conservation de l'énergie. Une telle fin est inadmissible, les termes du problème portant en eux-mêmes leur propre condamnation. On admet, en effet, que la force et la matière ne peuvent êtres ni créées ni détruites et ont existé, et par conséquent agi, de toute éternité. Si donc la radiation des soleils dans l'espace a pour dernier résultat leur extinction et par cela même, celle de la vie à la surface des planètes qui leur appartiennent, comme il y a déjà une éternité que l'énergie tend à s'établir en équilibre stable, il ne devrait plus exister un seul soleil, une seule étoile.

Or, relativement, non pas à une durée éternelle, mais seulement à une période qui s'efface comme un éclair devant cette durée, soit par exemple un sextillion d'années (1 000 000 000 000 000 000 000) (*)

(*) Ce nombre n'est pas énorme. La Terre pèse 6 000 *sextillions* de kilogrammes. Cinq centimes placés à intérêts composés depuis l'époque de la naissance de Jésus-Christ auraient déjà produit une somme de plus de 416 *undécillions* de francs (416 496 400 000 000 000 000 000 000 000 000 000). J'ai fait ce petit calcul en 1884. La somme double tous les quatorze ans environ. Je l'avais trouvée de 243 undécillions en 1873 et de 342 en 1880.

la vie d'une humanité, d'une planète ou même d'un soleil dure fort peu. Les géologues parlent de vingt millions d'années pour toute la durée des époques géologiques depuis l'origine de la vie sur la Terre, les physiciens de cent millions pour la constitution du globe terrestre, de l'état liquide à l'état solide, les astronomes de cent millions d'années aussi pour l'âge du Soleil, et de moins encore pour sa durée future. Lors même que nous doublerions, que nous triplerions, que nous décuplerions et même que nous centuplerions ces nombres, nous n'arriverions pas encore à la milliardième partie d'un sextillion d'années! Ainsi donc, sans remonter jusqu'à une éternité antérieure, si vraiment l'énergie des soleils n'avait d'autre résultat final que l'extinction, nous n'existerions pas en ce moment, et rien de ce qui est ne serait.

L'univers n'a pas été formé tout d'une pièce à l'origine des choses. Cette origine même n'existe pas. Nous trouvons dans l'espace des soleils de tous les âges. Il en est d'anciens, il en est de nouveaux. Ici des berceaux, là-bas des tombes. Si les premières (?) créations formées par la « matière » et « l'énergie » ne s'étaient pas renouvelées, il n'y aurait plus d'univers. Toute l'énergie primitive qui eût animé les soleils serait épuisée.

De même qu'en parcourant une forêt nous rencontrons sur nos pas des chênes en ruine, des arbres verts et des pousses nouvelles, de même le voyageur céleste rencontre dans l'espace des mondes morts depuis longtemps, des terres agonisantes, des séjours en pleine activité et des astres à peine sortis de l'éclosion.

Tout meurt, mais tout ressuscite.

Parmi les derniers mondes en pleine vitalité que je visitai dans ce voyage à travers les univers lointains, il en est un qui me parut particulièrement remarquable par l'état de perfection de son progrès social. Quoique ce monde soit le plus éloigné de tous ceux que l'on ait devinés dans les profondeurs de l'espace, cependant l'humanité qui l'habite n'est pas très différente de la nôtre au point de vue physique; elle est partagée aussi entre deux sexes, et les formes organiques ressemblent un peu à celles de notre race. Mais l'état social est sensiblement supérieur au nôtre.

Une harmonie perpétuelle règne entre tous les

membres de cette vaste famille. Simple et modeste, chacun de ces êtres n'a pas de plus haute ambition que celle de s'élever graduellement dans la connaissance des choses et dans la perfection morale.

L'atmosphère n'est pas entièrement nutritive, et l'on y est comme ici obligé de manger pour vivre. Mais on s'y nourrit exclusivement de fruits et de végétaux et l'on n'y tue aucun être animé.

Les fonctions de la vie matérielle n'y prenant qu'une très minime partie du temps, on y vit surtout intellectuellement. Au lieu des rivalités personnelles d'affaires petites ou grandes qui agitent la vie entière des hommes et des femmes de la Terre, on n'y est guère préoccupé que d'études ou de plaisirs.

On n'y a point inventé l'argent. Il n'y a ni riches ni pauvres. Les fruits nécessaires à la nourriture peuvent être partout cueillis au delà de tous les besoins. L'été y est perpétuel, et l'on n'y a songé non plus à aucune sorte de vêtement, parce que les formes corporelles gardent toujours leur beauté et que la coquetterie n'aurait rien à dissimuler.

On n'y vieillit point. Lorsque l'âge mûr est atteint, on s'endort, et le corps se désagrège, comme un nuage qui devient invisible par le changement d'état de ses molécules.

Aucune loi n'y a institué les liens du mariage. Comme il serait impossible de contracter une union par intérêt, puisqu'il n'existe ni castes ni fortunes, l'amour seul guide les choix. Il est rare que les années fassent découvrir quelque divergence de caractère suffisante pour conduire au désir d'un autre choix; mais lorsque cette divergence se manifeste, aucune chaîne ne retient les époux. D'ailleurs, ils restent amants, ne deviennent jamais époux. Le désir du changement, de la variété, de la curiosité, intervient peu, parce que les êtres qui se sont librement choisis s'aiment mutuellement au-dessus de tous les autres et qu'ils ne se sont choisis qu'en se connaissant.

Les amis sont sûrs et fidèles, et l'on n'a point d'exemple de trahison dictée par un vil sentiment de jalousie.

A l'opposé de ce qui se passe sur la Terre, tout homme dont la vie serait dirigée par le sentiment de l'intérêt ou de l'ambition serait considéré comme un monstre inexplicable et hautement méprisé.

Il n'y a aucune frontière. L'humanité forme une seule race, une seule famille. Les communications sont établies sur le globe entier par une sorte de parole qui vole avec la vitesse de l'éclair. Un conseil d'administration nommé par le suffrage universel dirige les travaux relatifs à l'instruction publique, aux sciences et aux arts, à la justice ; mais ce suffrage universel est éclairé, porte son choix sur les esprits les plus instruits et les meilleurs. Il serait superflu d'ajouter qu'un ministère de la Guerre n'y a jamais été imaginé. Le peuple, se conduisant par la raison, n'y acclame point de fétiches. Nul sentiment patriotique n'y peut d'ailleurs être exploité ni même inventé, puisqu'aucune frontière n'y divise l'humanité.

On n'y a point institué de science dite officielle. Aucune Sorbonne n'y a condamné la théorie du mouvement, aucune Académie n'y a condamné la doctrine de la paix perpétuelle. On n'y remarque ni titres ni décorations : l'on n'y apprécie que la valeur intellectuelle et morale personnelle.

Le mot infaillibilité n'existe pas dans la langue de ce peuple.

Une seule religion règne dans les esprits et dans les cœurs : la religion par l'Astronomie. Leurs facultés, plus transcendantes que les nôtres, leurs sens, plus nombreux et plus pénétrants, leurs instruments d'observation plus puissants les ont mis depuis longtemps en communication avec les mondes qui les environnent, et ils ont su se servir de l'attraction comme mode de transport d'un monde à l'autre entre les êtres spirituels.

Ils ont trouvé le mystère de l'union entre la force et la matière et savent qu'il y a là une même unité substantielle.

Dans leur religion, ils n'ont jamais nommé Dieu et n'ont jamais osé jouer à aucun culte, comprenant qu'une telle puérilité ou un tel orgueil serait indigne de leur esprit. Leur religion consiste à croire en l'immortalité par la connaissance même de la nature intime des êtres, à se rendre meilleurs et plus parfaits par l'étude continue de la création, et à s'aimer les uns les autres dans un sentiment éclairé de la justice et de l'équité.

Ils considèrent la Raison comme la plus haute prérogative de la race humaine, et tiendraient pour insensé tout doctrinaire imaginant d'interdire l'exercice de cette faculté dans un système religieux quelconque.

De là, on n'a jamais vu la Terre, et personne ne se doute de son existence.

Ils me parurent absolument heureux, quoique d'une excessive sensibilité nerveuse. Ils passent la majeure partie de leur existence au sein des plaisirs les plus raffinés. Leur monde est un éden perpétuel et sans cesse renaissant. Des parfums s'élèvent du sein de fleurs éclatantes, les bois sont embaumés d'odeurs enivrantes, la lumière du jour se joue en de féeriques paysages.

Tandis que je contemplais ce merveilleux spectacle, je me sentis environné et comme pénétré d'ondes sonores berçant mon âme enchantée dans la plus délicieuse mélodie que mes oreilles eussent jamais entendue. La sensation d'une attraction toute céleste semblait me porter sur un nuage et me faire descendre lentement vers une île au fond de laquelle se dressait un palais de fleurs. J'éprouvai une sorte de commotion électrique, et... je me trouvai assis dans un vaste fauteuil, près de la haute fenêtre d'un balcon vénitien. Une gondole chargée de musiciens revenait du Lido par le grand canal; les groupes chantaient des chœurs harmonieux, le ciel était magnifiquement étoilé, la Lune se couchait derrière les tours, et Mars descendait vers l'horizon.

La vieille horloge sonna lentement les douze coups de minuit. « Tiens! me dis-je, je m'étais endormi. Voilà plus de deux heures que je suis à cette fenêtre, la Lune a parcouru 7300 kilomètres, en tournant autour de nous, et la Terre elle-même en a laissé 212 000 derrière elle en tournant autour du Soleil. Douce attraction, tu régis les mondes à travers l'espace; peut-être aussi régis-tu les âmes à travers le temps. Beau ciel étoilé, toi qui déjà nous a tant appris, ne dénoueras-tu pas bientôt complètement l'énigme du grand mystère? C'est en toi que nous espérons, toi seul sais nous instruire, toi seul sais ouvrir devant nos yeux les panoramas de l'Infini et de l'Éternité. »

L'UNIVERS ANTÉRIEUR

J'eus un rêve, qui n'était pas un rêve.

Je me trouvais observateur du monde, il y a environ cent millions d'années, habitant une planète située dans le cortège de l'une des étoiles lointaines de l'espace, au milieu d'un univers sidéral analogue à celui qui existe actuellement, quoique ce ne fût pas le même, car l'univers d'alors est aujourd'hui détruit et l'univers d'aujourd'hui n'existait pas encore.

Il y avait, comme à notre époque, des constellations et des étoiles, mais ce n'étaient pas les mêmes constellations ni les mêmes étoiles.

Il y avait des soleils, des lunes, des terres habitées, des jours, des nuits, des saisons, des années, des siècles, des êtres, des impressions, des pensées, des faits; mais ce n'étaient pas les mêmes.

La Terre où nous sommes n'était pas encore formée. Les matériaux qui la composent flottaient dans l'espace à l'état de nébulosité diffuse, gravitant autour du foyer solaire qui graduellement se condensait. Il n'y avait encore ni eau, ni air, ni terre, ni pierres, ni végétaux, ni animaux, ni même aucun des corps réputés simples par la chimie, oxygène, hydrogène, azote, carbone, fer, plomb, cuivre, etc. Le gaz, qui devait par ses condensations et ses transformations ultérieures, donner naissance aux substances diverses, gazeuses, liquides ou solides, qui constituent actuellement la Terre et ses habitants, était un gaz simple, homogène, contenant dans son sein, chrysalide inconsciente, les possibilités de l'avenir. Mais nul prophète n'eût pu pressentir l'inconnu qui sommeillait dans son mystère.

Notre planète offrait alors l'aspect de ces vagues nébuleuses de gaz que le télescope découvre au fond des cieux et que le spectroscope analyse. Au milieu des étoiles flottait la nébuleuse solaire en voie de condensation.

L'humanité avec toute son histoire, chacun de nous avec toutes ses énergies, tous les êtres terrestres étaient en germe dans cette nébuleuse et dans ses forces; mais les êtres et les choses que nous connaissons ne devaient arriver à l'existence qu'après la longue incubation des siècles. A la place de ce qui devait être la Terre, il n'y avait rien, sinon un gaz flottant dans l'immensité étoilée. Encore n'était-ce pas à « la place » réelle ou nous sommes actuellement, car la Terre, les planètes et tout le système solaire viennent de loin et marchent vite.

*
* *

Dans l'histoire de la création, cent millions d'années passent comme un jour : elles s'effacent et s'évanouissent, rêve fugitif, au sein de l'éternité, qui tout absorbe.

*
* *

Alors, quoique notre planète n'existât pas, il y avait comme aujourd'hui des étoiles, des soleils, des systèmes solaires et des mondes habités. Les humanités qui peuplaient ces mondes vivaient leur vie comme nous vivons la nôtre.

C'était un spectacle émouvant pour le penseur de contempler le grand travail de tous ces êtres. Dans l'indifférence ou dans la passion, dans le plaisir ou dans la douleur, dans le rire ou dans les larmes, ils vivaient, s'agitant, se reposant; combattant, pardonnant; accusant, oubliant; aimant, haïssant; emportés dans le tourbillon fatal; naissant, mourant; se succédant aveuglément à travers les générations et les siècles; ignorants de la cause qui les fit naître; ignorant du sort futur des monades et des âmes; jouets de la Nature qui souffle mondes et êtres, étoiles et atomes, siècles et minutes, comme ces bulles de savon que l'enfant fait flotter dans l'air; et se précipitant tous vers la mort, à l'image de ces tourbillons de sable que le vent du désert soulève et emporte dans les ouragans ou dans les brises. C'était le spectacle que la Terre nous offre aujourd'hui : multitudes vivantes combattant pour la vie et n'aboutissant qu'à la mort.

La vue qui doit le plus nous frapper, dans cette contemplation rétrospective, c'est qu'alors *la Terre n'existait pas.* Aucun des êtres humains qui vivent actuellement, qui vivront dans l'avenir, ou qui ont vécu dans le passé, n'était près de naître. Rien, rien de ce qui existe autour de nous n'existait. Et pourtant, sur ces mondes antiques, depuis longtemps disparus, les humanités qui les animaient avaient leur histoire actuelle et présente, cités florissantes, campagnes cultivées, organisations sociales, guerres et batailles, lois et tribunaux, sciences et arts, et les juges de l'esprit, historiens, économistes, politiciens, théologiens, littérateurs, s'efforçaient de discerner le vrai du faux et d'écrire consciencieusement ce qu'ils appelaient, eux aussi, l'histoire universelle. Pour eux tous, la création s'arrêtait à leur temps et à leur lieu; pour eux tous, elle était finie; le reste de l'univers sans bornes, le reste de l'éternité sans limites se perdait dans l'insignifiance, éclipsée par leur actualité. Ils ne pensaient pas qu'avant eux une éternité s'était déjà écoulée, et qu'après eux une éternité s'écoulerait encore.

Ils vivaient, savants ou ignorants, illustres ou obscurs, riches ou pauvres, opulents ou misérables, religieux ou sceptiques, ils vivaient comme si leur ère ne devait jamais finir. Ceux-ci amoncelaient, sans s'oublier une minute, une fortune que leurs fils s'empresseraient de dissiper ; ceux-là rêvaient et contemplaient sans souci du lendemain ; ici des bataillons enflammaient la populace par des clameurs patriotiques ; plus loin, des couples amoureux mariaient dans le mystère leurs âmes frémissantes. Pressés comme ils le croyaient par des affaires d'une importance impérieuse, emportés par l'attrait du plaisir ou enlevés sur les ailes de l'ambition, les êtres d'alors comme ceux d'aujourd'hui se précipitaient dans le tourbillon de la vie. Ces peuples ont eu comme nous des jours de gloires et des jours d'angoisse, ils ont eu des 89 et des 93, des Austerlitz et des Waterloo, et les drames de la politique ont eu là aussi leurs 18 brumaire et leurs 2 décembre. Ainsi, naguère encore, sur notre Terre même, brillait la vie des Babylone, des Thèbes, des Memphis, des Ninive, des Carthage, la gloire des Sémiramis, des Sésostris, des Salomon, des Alexandre, des Cambyse, des César, et de nos jours le silence des funèbres solitudes règne en souverain sur les ruines des palais et des temples, dans le sommeil de la nuit envahissante. A travers l'histoire de l'univers immense, ce ne sont pas seulement des peuples, des royaumes, des empires qui ont disparu, ce sont des mondes tout entiers, des groupes de mondes, des archipels de planètes, des univers!

Car l'éternité n'a pas commencé, n'a *jamais* commencé. Les forces de la nature ne sont jamais restées inactives. Pour la Nature même, nos mesures de temps, nos conceptions de durée n'existent pas; il n'y a point pour elle de passé, ni de futur, mais un présent perpétuel. Elle demeure immuable à travers ses manifestations et transformations incessantes. C'est nous qui passons; elle demeure.

Je ne puis songer sans terreur à l'innombrable quantité d'êtres qui ont vécu sur tous les mondes aujourd'hui disparus, à tous les esprits supérieurs qui ont pensé, qui ont agi, qui ont guidé les humanités dans la voie du progrès, de la lumière et de la liberté; je ne puis songer à ces Platon, ces Marc-Aurèle, ces Pascal, ces Newton des mondes évanouis, sans me demander ce qu'ils sont devenus. Il est très facile de répondre qu'il n'en reste rien, qu'ils sont morts comme ils étaient nés, que tout est poussière et retourne à la poussière; c'est là une réponse facile mais peu satisfaisante.

⁂

Certes, je n'ai pas la naïve prétention de résoudre le grand mystère. Il me semble que pour traiter ces insondables problèmes d'éternité et d'infini, nous sommes à peu près dans la situation de fourmis qui essayeraient de s'instruire entre elles sur l'histoire de France. Malgré toutes leurs aptitudes intellectuelles, si légitimement reconnues d'ailleurs, malgré toute leur bonne volonté, tous leurs efforts et toutes leurs recherches, il est bien probable qu'elles n'iraient guère au delà de l'histoire de leur fourmillière et ne s'élèveraient point à la conception d'idées quelque peu sensées sur les humains et leurs affaires. Pour elles, évidemment, les véritables propriétaires des bois et des parcs, ce sont les fourmis, les pucerons domestiqués par elles; et les parasites de la Terre sont les insectes non comestibles qui les gênent. Savent-elles que les oiseaux existent? c'est douteux. Quant aux hommes, il est bien probable qu'elles ignorent leur existence (à moins pourtant que celles des pays civilisés n'aient dans leur langage antennal une expression qui corresponde à l'idée de fabricant de sucre, pâtissier, cuisinier ou confiturier, ou de quelque ennemi implacable, tel qu'un jardinier). Mais lors même qu'elles se douteraient de notre existence, elles ne sauraient évidemment acquérir sur la race humaine et son histoire que des... idées de fourmis.

*
* *

Il serait sans doute aussi inutile qu'enfantin de nous perdre dans les nébulosités de la métaphysique pour atteindre une solution qui nous échappera vraisemblablement toujours; mais ce n'en est pas moins un sujet de contemplation digne de nos pensées de songer à cet aspect particulier de la création : le *Temps;* de songer que de toute éternité des terres habitées comme la nôtre ont flotté dans la lumière de leurs soleils, que de toute éternité il y a eu des humanités jouissant des joies de la vie, et que de toute éternité l'heure de la fin du monde a sonné au cadran séculaire des destinées, ensevelissant tour à tour les univers et les êtres dans le linceul de l'anéantissement et de l'oubli. Car il nous est impossible de concevoir un commencement qui n'eût pas été précédé d'une éternité d'inaction, et aussi loin que les sciences d'observation puissent nous conduire, elles nous montrent partout des forces en perpétuelle activité.

Si l'espace infini nous éblouit par son immensité sans limites, l'éternité sans commencement et sans fin, se dresse, plus formidable encore peut-être, devant notre contemplation terrifiée. Les voix du passé nous parlent du fond de l'abîme, elles nous parlent de l'avenir.

Le *passé* des mondes disparus, c'est l'*avenir* de la Terre.

* *

Dans cent millions d'années, la Terre où nous sommes n'existera plus, ou, s'il en reste encore quelque ruine, ne sera plus qu'un désert funèbre; les divers mondes de notre système solaire auront achevé leur cycle vital, les histoires des humanités variées qui s'y seront succédé seront depuis longtemps éteintes, notre Soleil lui-même, sans doute, aura perdu sa lumière et roulera, astre noir, dans l'immensité nocturne. Peut-être, rejeté par les lois de la destinée dans les creusets de la métamorphose perpétuelle, réuni dans un choc suprême à quelque vieux soleil défunt lancé comme lui à travers le vide éternel, sera-t-il ressuscité, rayonnant phénix, de ses cendres rallumées par la transformation du mouvement en chaleur.

Mais, alors comme aujourd'hui, les nébuleuses auront enfanté des soleils, alors comme aujourd'hui, l'espace immense sera peuplé d'astres sans nombre gravitant dans l'harmonie de leurs attractions réciproques, des terres se balanceront dans la lumière de leurs soleils, des matins et des soirs se succèderont, des ciels bleus s'épanouiront, des nuages flotteront dans le charme des crépuscules, des atmosphères parfumées souffleront sur les bois et les vallées, de mystérieux silences suspendront le chant de l'oiseau qui gazouille, et l'éternel amour emportera les adolescences nouvelles dans l'essor divin des aspirations insatiables. Ascension merveilleuse de la vie, la nature chantera comme aujourd'hui l'hymne de la jeunesse et du bonheur, et l'impérissable printemps fleurira toujours dans cet univers immense où l'historien du passé ne voit que des tombeaux!

S'il n'y a point de limites à l'espace, si, vers quelque point du ciel que s'envole notre pensée, elle peut voler *toujours* sans que jamais *rien* ne l'arrête, quel que soit la rapidité de son vol et quelle que soit la durée de son infatigable essor, si, en un mot, l'espace est infini dans tous les sens, il en est de même de l'éternité : rien, non plus, ne saurait la limiter, et quel que soit l'arrêt que nous imaginions à la durée, quelle que soit l'heure, la minute à laquelle nous prétendions la finir, notre pensée saute immédiatement au delà de cette prétendue barrière et continue sa route. L'espace infini est actuellement peuplé de mondes naissants, de mondes arrivés à l'âge viril, de mondes en décadence, de mondes morts, disséminés dans toutes les régions de l'immensité sans bornes, nébuleuses gazeuses, soleils d'hydrogène, astres oxydés, planètes en formation, satellites refroidis, comètes désagrégées... les forces de la nature se montrent partout en activité, l'énergie de la création demeure constante, ne pouvant être ni augmentée, ni diminuée, et toutes les sciences s'accordent pour témoigner que ce que nous appelons destruction, anéantissement n'est que transformation. L'Astronomie nous révèle le TEMPS comme elle nous a révélé L'ESPACE ; elle nous montre que notre époque actuelle n'a rien de particulier dans l'histoire de la nature, pas plus que notre lieu actuel, et elle nous convie à reconnaître la durée aussi bien que l'espace, ces deux formes de la réalité, en contemplant dans une même synthèse les grands aspects du développement de l'Univers.

.*.

Non, ce rêve n'était pas un rêve. Pour les humanités qui ont vécu sur les différents mondes de l'espace, pendant les ères antérieures à la formation de notre système solaire, la Terre avec toute son histoire n'était qu'une possibilité des fécondations de l'avenir. Elle aurait pu ne jamais exister. Historiographes des peuples terrestres, Moïse, Hérodote, Manéthon, Ma-Tuan-Lin, Tite-Live, Tacite, Grégoire de Tours, Bossuet, vous tous qui vous êtes imaginé écrire des « histoires universelles, » et toi, grand Leibnitz, qui commenças à la création du monde l'histoire d'un minuscule duché d'Allemagne, et toi aussi, charmant auteur des *Méta-*

morphoses, qui nous racontas jadis la naissance du ciel et des dieux, l'astronome sourit de vos fameuses annales, comme il sourit des généalogies des rois et des conquêtes des Césars,

Combats de fourmis sur de minuscules espaces,

naïves illusions d'enfants qui caressent leurs poupées! Qu'on invente de nouveaux microscopes pour nous permettre de distinguer Charlemagne et Napoléon dans la fourmillière de Lilliput : Nous ne les trouvons plus! Et la Terre entière, où donc est-elle? Par l'abstraction de la pensée, nous venons de vivre avant et après elle : son histoire entière s'est évanouie comme un éclair qui passe dans la calme durée d'un long jour d'été.

* * *

Comme je contemplais ces panoramas du temps et de l'espace, que les siècles d'autrefois défilaient lentement devant moi, avec leurs longs cortèges de gloires disparues, et que les humanités qui peuplèrent les mondes ressuscitaient dans les profondeurs de l'étendue, laissant tomber leurs suaires et se mettant à marcher dans les sentiers fleuris de la vie, tout ce passé séculaire et prodigieux devint présent, et les millions de soleils éteints d'ère en ère se rallumèrent et resplendirent. Le ciel se montra illuminé d'astres innombrables que nos yeux mortels n'ont jamais vus, et la lumière de la vie rayonna sur des plages célestes se succédant jusqu'à l'infini...

Soudain, un immense voile noir tomba du haut des cieux devant ces clartés, et ma pensée cessa de voir. Devant ce voile, la planète où nous sommes courait avec sa vitesse de cent mille kilomètres à l'heure. Je me retrouvai dans l'état commun des habitants de la Terre, qui vivent sans rien voir au delà de leur horizon, et qui s'imaginent que, dans le temps comme dans l'espace, notre médiocre humanité existe seule au monde.

IDÉE D'UNE COMMUNICATION

ENTRE LES MONDES

Il y a une cinquantaine d'années environ, l'astronome J. de Littrow, directeur de l'Observatoire de Vienne, a émis l'idée d'essayer une communication optique avec les habitants de la Lune. Un triangle tracé sur le sol lunaire par trois lignes lumineuses de douze ou quinze kilomètres chacune serait visible d'ici, à l'aide de nos télescopes. Nous observons même des détails beaucoup plus petits, par exemple les singuliers dessins topographiques remarqués dans le cirque lunaire auquel on a donné le nom de Platon. Donc, un triangle, un carré, un cercle de cette dimension, construits par nous sur une vaste plaine, à l'aide de points lumineux, soit pendant le jour, en réfléchissant la lumière solaire, soit pendant la nuit, à l'aide de la lumière électrique, seraient visibles pour les astronomes de la Lune, si ces astronomes existent, et s'ils ont des instruments d'optique équivalents aux nôtres.

La suite du raisonnement est des plus simples. Si nous observions sur la Lune un triangle correctement construit, nous en serions quelque peu intrigués, nous croirions avoir mal vu, nous nous demanderions si le hasard des mouvements géologiques peut avoir donné naissance à une figure géométrique régulière. Sans doute finirions-nous par admettre cette possibilité exceptionnelle. Mais si, tout d'un coup, nous voyions ce triangle se changer en carré, puis, quelques mois plus tard, être remplacé par un cercle, alors nous admettrions logiquement qu'un effet intelligent prouve une cause intelligente, et nous penserions avec quelque raison que de telles figures révèlent, à n'en pas douter, la présence de géomètres sur ce monde voisin.

De là à chercher la raison d'être de la formation

de pareils dessins à la surface du sol lunaire, de là à nous demander pourquoi et dans quel but nos confrères inconnus formeraient ces figures, il n'y a qu'un pas, bien vite franchi. Serait-ce dans l'idée d'entrer en relations avec nous? L'hypothèse n'est pas absurde. On l'émet, on la discute, on la repousse comme arbitraire, on la défend comme ingénieuse. Et pourquoi pas, après tout, pourquoi les habitants de la Lune ne seraient-ils pas plus curieux que nous, plus intelligents, plus élevés dans leurs aspirations, moins empêtrés que nous dans la glu des besoins matériels? Pourquoi n'auraient-ils pas supposé que la Terre peut être habitée aussi bien que leur monde, et pourquoi ces appels géométriques n'auraient-ils pas pour but de nous demander si nous existons? D'ailleurs, il n'est pas difficile d'y répondre. On nous montre un triangle : reproduisons-le ici. On nous trace un cercle : imitons-le. Et voilà la communication établie entre le ciel et la Terre, pour la première fois depuis le commencement du monde.

La géométrie étant la même pour les habitants de tous les mondes, deux et deux faisant quatre pour toutes les régions de l'infini, et partout les trois angles d'un triangle étant égaux à deux angles droits, les signaux ainsi échangés entre la Terre et la Lune n'auraient même pas l'obscurité des hiéroglyphes déchiffrés par Champollion, et la communication établie deviendrait vite régulière et féconde. D'ailleurs, la Lune n'est qu'à deux pas d'ici. Sa distance de 96 000 lieues n'équivaut qu'à trente fois le diamètre de la Terre, et bien des facteurs ruraux ont parcouru à pied tout ce trajet pendant leur vie. Une dépêche télégraphique y arriverait en une seconde un quart, et la lumière ne met pas plus de temps pour franchir cette distance. La Lune est une province céleste annexée par la nature même à nos destinées.

* *
*

Jusqu'à présent, nous n'avons rien remarqué, sur la Lune, qui puisse nous faire soupçonner l'existence d'une humanité pensante habitant cette petite île céleste. Cependant, les astronomes qui observent spécialement notre satellite, et qui en étudient avec attention et persévérance les singuliers aspects, sont généralement d'opinion que cet astre n'est point aussi mort qu'il le paraît. On ne doit pas oublier que, dans l'état actuel de l'optique, il est difficile d'appliquer pratiquement à l'étude de la Lune un grossissement supérieur à deux mille. Voir ce monde deux mille fois plus proche qu'il n'est dans le ciel, ce n'est encore que le rapprocher à quarante-huit lieues. Or, que peut-on distinguer à cent quatre-vingt-douze kilomètres? Une armée en marche? Une grande ville? Peut-être. Encore est-ce bien douteux.

Ce qu'il y a de certain, c'est que des variations énigmatiques s'accomplissent actuellement à sa surface, notamment dans l'arène du cirque de Platon, dont nous parlions plus haut. Ce qu'il y a de certain aussi, c'est que le globe lunaire, quarante-neuf fois plus petit que la Terre et quatre-vingt-une fois moins lourd, n'exerce à sa surface qu'une pesanteur six fois plus faible que celle qui existe à la surface de notre planète, de telle sorte qu'une atmosphère analogue à celle que nous respirons serait six fois plus raréfiée, et difficile à apercevoir d'ici. Il n'y a donc rien de surprenant à ce que ce monde voisin diffère tant du nôtre. Du reste, vue du haut d'un ballon, de quatre ou cinq mille mètres de hauteur seulement, la Terre paraît déserte, inhabitée, silencieuse comme un immense cimetière, et celui qui arriverait de la Lune en ballon pourrait encore se demander, à cette minuscule distance, s'il y a du monde en France et du bruit à Paris.

* *

L'aspect froid et mort de notre pâle satellite n'était pas un encouragement pour la réalisation du projet original de l'astronome J. de Littrow, et bientôt, oubliant notre province voisine, l'imagination de quelques physiciens ne craignit pas de s'envoler jusqu'à la planète Mars, qui ne s'approche jamais à moins de quatorze millions de lieues d'ici, mais qui est la mieux connue de toutes les terres du ciel, et qui offre tant de ressemblances avec notre monde que nous serions à peine dépaysés, en y transportant nos pénates. L'aspect de Mars, en effet, nous réconforte un peu de celui de la Lune. On se croirait vraiment en quelque contrée terrestre. Continents, mers, îles, rivages, presqu'îles, caps, golfes, eaux, nuages, pluies, inondations, neiges, saisons, hivers et étés, printemps et automnes, jours et nuits, matins et soirs, tout s'y passe à peu près comme ici. Les années y sont plus longues, puisqu'elles durent six cent quatre-vingt-sept jours, mais l'intensité des saisons y est absolument la même que chez nous, l'inclinaison de l'axe étant la même que la nôtre. Les jours y sont aussi un peu plus long, puisque la rotation diurne de ce monde est de vingt-quatre heures trente-sept minutes vingt-trois secondes; mais, comme on le voit, la différence n'est pas grande. Et remarquez que tout cela est connu avec précision : cette rotation diurne, par exemple, est déterminée à un dixième de seconde près !

Lorsque, pendant les belles nuits étoilées on examine ce monde au télescope, lorsqu'on voit ces neiges polaires, qui fondent au printemps, ces continents finement découpés, ces méditerranées aux longs golfes, cette configuration géographique éloquente et variée, on ne peut s'empêcher de se demander si le soleil qui éclaire ce monde comme le nôtre n'éclaire rien de vivant, si ces pluies ne fécondent rien, si cette atmosphère n'est respirée par aucun être, et si ce monde de Mars qui roule avec rapidité dans l'espace, est semblable à un train de chemin de fer qui marcherait à vide, sans voyageurs et sans marchandises. L'idée que la terre où nous sommes pourrait ainsi courir comme elle le fait autour du Soleil, sans être habitée par quelque créature que ce soit, paraît si inconsistante qu'il est difficile de s'y arrêter. Par quel miracle permanent de stérilisation, les forces de la nature, qui agissent là comme ici, seraient-elles restées éternellement inactives et infécondes ?

.·.

On conçoit donc que l'on ait pu appliquer à la planète Mars l'idée primitivement proposée par la Lune. La distance de ce monde est telle que, quoiqu'il soit bien supérieur à la Lune en volume, cependant il nous paraît, à ses plus grands rapprochements soixante-trois fois plus petit. On voit néanmoins par là, qu'un télescope grossissant seulement soixante-trois fois montre Mars de la dimension de la Lune vue à l'œil nu, et qu'un grossissement de six cent trente fois lui donne un diamètre dix fois plus large que celui de notre satellite vu à l'œil nu.

Seulement, si l'on tentait jamais de mettre en pratique un projet quelconque de communication entre ce monde et le nôtre, les signaux devraient être établis sur une échelle beaucoup plus vaste. Ce ne sont pas des triangles, des carrés, des cercles de quelques kilomètres de largeur qu'il faudrait construire, mais des figures de cent kilomètres et plus, toujours dans l'hypothèse : 1º qu'il y a des habitants sur Mars ; 2º que ces habitants s'occupent d'astronomie ; 3º qu'ils ont des instruments d'optique analogues aux nôtres ; et 4º qu'ils observent avec intention notre planète, — laquelle est pour eux une étoile brillante de première grandeur, l'étoile du matin et du soir, et, en fait, l'astre le plus éclatant de leur ciel. Nous sommes, en effet, pour eux, l'étoile du Berger, et leurs mythologies ont dû nous élever des autels.

Cette quadruple hypothèse est-elle acceptable ? Si l'on posait la question au suffrage universel des citoyens de la Terre, la réponse ne serait pas douteuse. Sans aller jusqu'à demander l'opinion des indigènes de l'Afrique centrale ou des îles de l'océan Pacifique, en ne nous adressant même qu'à la majorité numérique de la population européenne, il y a gros à parier qu'ils ne comprendraient même pas la question, car la majorité des hommes ignore que la Terre est une planète et que les autres planètes sont des terres.

Et puis, il y a le bon sens, le gros bon sens vulgaire, qui raisonne si juste par suite de l'excellence de son éducation. « Nous sommes, dit-il, à n'en pas douter, les êtres les plus intelligents de la création. Pourquoi d'autres planètes auraient-elles l'insigne honneur d'être enrichies de valeurs intellectuelles telles que les nôtres ? Doit-on même admettre l'existence d'hommes semblables à nous ? » Sans doute, on pourrait peut-être remarquer que les nations les plus spirituelles de la Terre ne savent guère bien se conduire, que leur intelligence s'exerce surtout à s'entre-dévorer mutuellement et à se ruiner chacune pour son compte, qu'elles escomptent l'avenir comme des aveugles et comme des folles, que les voleurs ne sont pas rares, ni même les assassins. Mais à part cela, nous sommes évidemment des êtres très supérieurs, et il n'est vraiment pas probable que sur les myriades de mondes qui gravitent dans l'immensité des espaces, la nature ait pu donner naissance à des intelligences de la taille de la nôtre.

Pourquoi donc essayerait-on jamais de commencer une correspondance optique avec la planète Mars? Si elle est habitée, ses habitants ne doivent pas être de notre force, et ce serait peine perdue. Lors même qu'ils verraient nos signaux, ils n'auraient pas l'idée de penser que nous les leur adressons.

Aussi, ne commencerons-nous jamais.

* *

Mais les habitants de Mars n'auraient-il pas déjà commencé? Et ne serait-ce pas nous qui ne les comprendrions pas?

D'après les computations géologiques, le minimum de l'âge de la terre habitable, depuis la formation des premiers terrains, est de vingt millions d'années : six millions sept cent mille ans pour l'âge primordial, six millions quatre cent mille pour l'âge primaire, deux millions trois cent mille pour l'âge secondaire, quatre cent soixante mille pour l'âge tertiaire et cent mille pour l'âge quaternaire. L'homme existe sur la Terre depuis la fin de l'âge tertiaire, c'est-à-dire depuis plus de cent mille ans.

Les instruments d'astronomie ne sont inventés que depuis l'année 1609, et Mars n'est observé, reconnu dans ses principaux détails géographiques que depuis l'année 1858. Les observations complètes, pour l'ensemble de cette géographie, ne datent même que de l'année 1862. La première triangulation détaillée de la planète, la première carte géographique comprenant les plus petits objets visibles au télescope et micrométriquement mesurés, n'a été commencée qu'en 1877; continuée en 1879, elle a été terminée en 1882. Il n'y a donc que quelques années que la planète Mars est entrée dans la sphère de notre observation complète. Encore pourrait-on dire qu'il n'y a qu'un bien petit nombre d'habitants de la Terre qui l'aient bien vue dans tous ses détails, et que le plus exercé de tous est M. Schiaparelli, directeur de l'observatoire de Milan.

Selon la théorie cosmogonique a plus probable, Mars est antérieur à notre planète de plusieurs millions d'années et beaucoup plus avancé que nous dans sa destinée. Les habitants de Mars pourraient nous faire des signaux depuis plus de cent mille ans:

personne de notre planète ne s'en serait douté. Depuis l'an 1609 seulement, les astronomes auraient pu, non les découvrir, car leurs instruments n'étaient pas assez puissants pour cela, mais songer à la possibilité de voir un jour un peu mieux ce qui se passe sur ce monde voisin. En fait, ce n'est que depuis quelques années seulement que nous pourrions avoir l'espérance de distinguer ces minutieux détails et, mais moins sûrement, celle de les expliquer.

***

Or, voici justement ce qui arrive. La carte géographique de la planète Mars vient d'être faite, avec des soins infinis, par l'habile astronome de Milan. On remarque sur cette carte (*), en plusieurs régions, des points sur lesquels l'observateur a constaté la présence de taches lumineuses, resplendissantes comme de la neige éclairée par le soleil. Que ces points-lumineux soient dus à de la neige, ce n'est pas probable, car on en voit près de l'équateur, sous les tropiques, aussi bien qu'aux latitudes

(*) Voy. notre ouvrage : *Les Terres du Ciel*, p. 61.

éloignées, et il ne semble point que ce soient là des cimes de montagnes, car ils sont voisins des mers et disposés symétriquement relativement à certains canaux rectilignes. De plus, plusieurs d'entre eux semblent marquer des parallèles de latitude et des méridiens, et l'on pense involontairement, en les examinant, à des signaux géodésiques. On remarque des triangles, des carrés et des rectangles.

Que ces points lumineux soient établis par les ingénieurs ou les astronomes du monde de Mars, ce n'est pas ma pensée. Que les soixante canaux rectilignes parallèles et doubles que l'on admire sur cette même planète, mettant en communication toutes les mers martiennes les unes avec les autres, soient l'œuvre des habitants de cette patrie voisine, il serait présomptueux de l'imaginer. Ce n'est point du tout à cette conclusion que je veux en venir. La nature est si riche en procédés, si variée dans ses manifestations, si multiple et si complexe dans ses effets, souvent si originale et si bizarre dans ses jeux, que nous n'avons aucun droit de limiter sa manière d'agir.

Cependant, il n'en est pas moins vrai que, si les

habitants de Mars voulaient nous adresser des signaux, cette façon de procéder serait l'une des plus simples, et c'est même, jusqu'à présent, la seule qui ait été imaginée chez nous. Ils ne pourraient mieux faire que de disposer ainsi des points lumineux de distance en distance, suivant des figures géométriques. On voit, par exemple, à l'intersection du 267ᵉ méridien avec le 14ᵉ degré de latitude boréale, une région limitée par des points situés aux distances respectives d'Amiens, Le Mans et Bourges. Si les habitants de Mars voulaient nous adresser des signaux, ils n'auraient pu mieux choisir pour placer leurs foyers lumineux.

Je suis loin de dire que cela soit, et qu'il y ait la moindre intention dans ces aspects. Mais enfin, *si cela était*, c'est nous qui ne les comprendrions pas.

Et il n'y a rien de surprenant en ceci. Les habitants de la Terre ne s'occupent pas du ciel. La plupart d'entre eux — quatre-vingt-dix-neuf pour cent peut-être, sur les quatorze cents millions de terriens qui existent — ne savent même pas sur quoi ils marchent et ne se doutent en rien de la réalité. Ils s'occupent à manger, à boire, à se reproduire, à amasser des objets de diverses natures, à s'entre-dévorer patriotiquement et à mourir; mais quant à se demander même où ils sont et ce que c'est que l'univers, ce n'est point leur affaire. L'ignorance native leur suffit. Ils vivent au milieu du ciel sans le savoir et sans jouir en aucune façon du bonheur intellectuel attaché par quelques esprits d'élite à la connaissance de la vérité.

Les habitants de Mars, au contraire, étant bien plus anciens que nous, peuvent être beaucoup plus avancés dans la voie du progrès, et vivre d'une vie intellectuelle, éclairée et spirituelle. On peut, sans témérité, admettre qu'ils sont plus instruits que nous dans l'étude de la nature, qu'ils connaissent mieux notre monde que nous ne connaissons le leur, et que notre science astronomique n'est qu'une science d'enfants à côté de la leur. Si donc les peuples de Mars, vivant peut-être depuis longtemps dans l'harmonie d'une vie pacifique et intelligente, avaient imaginé d'essayer d'adresser des signaux à la Terre, dans l'idée que peut-être notre planète est également habitée par une race intellectuelle, comme ils n'ont jamais reçu aucune réponse de nous, ils en auront conclu que nous ne sommes pas à leur hauteur, que les choses du ciel ne nous préoccupent pas outre mesure, que peut-être l'astronomie et l'optique ne sont pas encore très avancées parmi nos sciences, et que, selon toute probabilité, nous ne sommes pas encore sortis des lourds instincts de la matière. Leur conclusion est-elle très éloignée de la vérité ?

Peut-être aussi les Académies martiennes déclarent-elles la Terre inhabitable et inhabitée : 1° parce qu'elle ne ressemble pas identiquement à leur pays ; 2° parce que nous n'avons qu'une lune, tandis qu'ils en ont deux ; 3° parce que nos années sont trop courtes ; 4° parce que notre ciel est très souvent couvert, tandis que le leur est presque constamment pur ; 5° et 6° pour mille autres raisons, aussi démonstratives les unes que les autres.

⁎

Quoi qu'il en soit, de tous les astres qui brillent au ciel pendant la nuit profonde, et en particulier des divers mondes qui gravitent avec le nôtre autour du foyer solaire, il en est un qui sollicite actuellement avec un intérêt bien captivant l'attention des astronomes. C'est ce singulier petit monde de Mars.

Après la vapeur, le télégraphe, la lumière électrique et le téléphone, la découverte de signes irrécusables de l'existence d'une humanité habitant une autre région de notre archipel solaire ne serait-elle pas la plus merveilleuse apothéose de la gloire scientifique du XIXe siècle !

ÉTOILES ET ATOMES

La nuit dernière, dans le calme silence de minuit, pendant le sommeil de la nature entière, j'observais au télescope une petite étoile fixe perdue dans la multitude des clartés célestes, pâle étoile de septième grandeur, éloignée de nous à une distance presque incommensurable.

Ma pensée s'était transportée jusqu'à elle. Je songeais que cette étoile n'est pas visible à l'œil nu; que l'on compte dix-neuf étoiles de première grandeur, soixante de seconde, cent quatre-vingt-deux de troisième, cinq cent trente de quatrième, seize cents de cinquième et quatre mille huit cents de sixième (ce qui donne un premier total d'environ sept mille astres visibles à l'œil nu); mais que les étoiles de septième grandeur auxquelles appartient celle que j'observais se dénombrent par le chiffre de treize mille, celles de la huitième par le chiffre de quarante mille; que le nombre s'accroît progressivement à mesure que nous pénétrons davantage au delà de la vision naturelle; que l'addition des dix étoiles des premières grandeurs conduit au chiffre de cinq cent soixante mille, celle des douze premières grandeurs à plus de quatre millions, et que nous dépassons quarante millions lorsque nous atteignons la quinzième grandeur.

Sans me perdre dans la profondeur des perspectives infinies, je m'attachai par la pensée, comme j'y étais attaché par le regard, à cette simple étoile de septième grandeur de la constellation de la Grande Ourse, qui ne descend presque jamais au-dessous de l'horizon de Paris, et que nous pouvons observer toutes les nuits de l'année, et je me souvins qu'elle brille à quatre-vingt-cinq *trillions* de lieues d'ici, distance qu'un train éclair, emporté par une vitesse constante de cent vingt kilomètres à l'heure, n'emploierait pas moins de trois cent vingt-cinq millions d'années à franchir.

* * *

Transporté à cette distance, l'éblouissant soleil qui nous éclaire aurait perdu sa splendeur et sa gloire. Non seulement il ne serait pas visible à l'œil nu et serait absent des clartés de la nuit étoilée, mais encore il serait même fort inférieur en éclat à l'étoile de septième ordre dont je viens de parler et ne serait accessible qu'aux recherches télescopiques les plus minutieuses. Cette petite étoile, qui n'est qu'un point brillant ponctué sur le ciel noir de minuit, est, en réalité, un soleil immense, colossal, plus considérable que celui aux rayons duquel la vie de notre planète est suspendue. Celui-ci est déjà trois cent vingt-quatre mille fois plus lourd que la Terre et un million deux cent quatre-vingt mille fois plus volumineux : en admettant, pour la petite étoile, un poids supérieur de un million de fois à celui de notre globe et un volume égal à celui de plusieurs millions de terres réunies, nous resterons certainement au-dessous de la vérité.

Ces vues, qui, à propos d'une étoile simple, oubliée au milieu de la multitude de ses sœurs, nous transportent en présence des réalités les plus formidables de la constitution de l'Univers, ne représentent cependant pas encore l'apect le plus intéressant de notre contemplation. Il est un fait singulier, inattendu pour tous les philosophes anciens, fantastique et à peine concevable pour l'esprit soucieux de vérité qui cherche à le comprendre en sa valeur réelle : c'est que ces soleils de l'infini, loin d'être fixes comme ils le paraissent à cause de leur immense éloignement, sont lancés dans l'espace avec des vitesses inimaginables : l'étoile dont il s'agit (*), entre autres, court, vole, se précipite à travers l'immensité avec une vitesse de *trente millions de kilomètres par jour !*

Oui, plus de sept millions de lieues par jour ! Deux milliards cinq cent quatre-vingt-dix millions de lieues par an ! et pourtant, en dix ans, en cin-

---

(*) Cette étoile n'a pas de nom. Elle est inscrite dans les catalogues célestes sous le n° 1830 Groombridge.

quante ans, en cent ans, c'est à peine si cette étoile paraît se déplacer dans le ciel ! La vitesse d'un boulet, d'un obus lancé par nos canons les plus puissants ne dépassant pas sept cents mètres par seconde, et celle de cette étoile s'élevant à trois cent vingt mille, on voit que la vitesse de l'étoile surpasse celle de l'obus dans la proportion de quatre cent cinquante-sept à un ! L'imagination la plus audacieuse peut-elle concevoir un tel vol ?...

L'étoile franchirait en cinq jours et quelques heures la distance de trente-sept millions de lieues qui nous sépare du Soleil, distance qu'un boulet de canon emploierait près de sept ans à parcourir. On le voit, une telle vitesse tient du prodige, et pourtant elle existe et a été mesurée par des opérations délicates et précises. Elle ne peut pas être inférieure au chiffre que nous venons d'écrire.

.*.

Cette vitesse est un symbole, et c'est à ce titre que je voudrais la présenter ici. *Toutes les étoiles sont animées de mouvements analogues*, plus ou moins rapides, et non seulement toutes les étoiles

— dont chacune est un soleil et dont la plupart doivent être des centres de systèmes planétaires, des foyers de lumière, de chaleur et d'harmonie autour desquels gravitent des terres habitables, séjours actuels, passés ou futurs d'existences différentes des êtres et des choses terrestres — non seulement, di je, toutes les étoiles sont lancées ainsi dans l'immensité, mais encore toutes les planètes, tous les satellites, tous les mondes, tous les systèmes, tout ce qui existe dans la création.

La Terre court autour du Soleil, emportée par une vitesse de six cent quarante-trois mille lieues par jour, tournant en même temps sur elle-même autour de son axe de rotation, animée de onze sortes différentes de mouvements, plus légère et plus mobile qu'un petit ballon d'enfant flottant dans l'air, sollicitée par les attractions variées des astres les plus proches, véritable jouet des forces cosmiques qui nous emportent tous dans le tourbillon immense. La Lune tourne autour de la Terre, nous dérangeant constamment dans notre marche en nous faisant subir des ondulations perpétuelles. Le Soleil nous entraine avec tout son cortège vers la constellation d'Hercule, de sorte que, depuis qu'il existe, notre monde n'est jamais passé deux fois par le même chemin, décrivant dans l'espace, non des ellipses fermées, mais des hélices qui se déroulent sans fin. Les soleils voisins du nôtre s'élancent avec leurs systèmes vers des directions variées. Les constellations se disloquent de siècle en siècle, chaque étoile étant animée d'un mouvement propre en vertu duquel se modifie incessamment la figure changeante des cieux. Et ainsi tout se déplace, tout court, tout circule, tout se précipite, avec des vitesses vertigineuses, vers un but ignoré et jamais atteint.

Ce n'est point là un roman, un rêve de la contemplation pure, une vue en dehors de nous : c'est notre propre histoire, fatale et inéluctable. Depuis une heure, chacun de nous, lecteur ou écrivain, riche ou pauvre, savant ou ignorant, enfant ou vieillard, que nous dormions ou que nous agissions, depuis une heure, chacun de nous a parcouru, dans les chemins du ciel, une invisible route de plus de cent mille kilomètres, car notre planète ne décrit pas moins de deux cent trente-deux millions de lieues par an par sa seule révolution autour du Soleil, et un centenaire a tracé dans l'espace un sillage de plus de vingt-trois milliards de lieues. Or il se trouve que ces vitesses sont *la condition même* de la stabilité de l'Univers : les astres, la Terre, planètes, mondes, soleils, systèmes stellaires, amas d'étoiles, voies lactées, univers lointains se soutiennent tous mutuellement sur l'équilibre de leurs attractions réciproques ; ils sont tous *posés sur le vide*, et se maintiennent dans leurs orbites idéales, parce qu'ils tournent assez vite pour créer une force centrifuge égale et contraire à l'attraction qui les appelle, de sorte qu'ils demeurent en équilibre instable mais perpétuel.

Autrefois, on s'inquiétait, non sans raison, de la solidité des fondations du monde, car avant que l'isolement de notre planète dans l'espace et son mouvement autour du Soleil eussent été démontrés, il paraissait indispensable d'accorder à la Terre une base inébranlable et de la poser sur des racines infinies. Mais comme les astres se lèvent, se couchent, et passent sous nos pieds, il fallut renoncer à ces fondations, qui d'ailleurs ne satisfaisaient point les esprits soucieux d'aller au fond des choses. Il nous est absolument impossible de concevoir un pilier matériel aussi épais et aussi large qu'on le voudra, fût-il du diamètre de la Terre, s'enfonçant jusqu'à l'infini, de même qu'on ne peut admettre l'existence réelle d'un bâton qui n'aurait qu'un bout. Aussi loin que notre esprit descende vers la base de ce pilier matériel, il arrive un point où il en devine le terme, le vide seul pouvant être sans fin, et dès lors ledit pilier terrestre ne sert plus à rien, puisqu'il reste lui-même sans soutien. La conception moderne du dynamisme, opposée à l'ancienne et vulgaire idée de la matière, a aujourd'hui une portée philosophique sans précédent dans toute l'histoire des sciences. Elle nous apprend, elle nous prouve, elle nous convainc que l'Univers matériel, visible, palpable, repose sur l'invisible, sur l'immatériel, sur la force impondérable.

C'est là un fait contre lequel le témoignage apparent et trompeur des sens ne saurait désormais prévaloir. La Terre, que l'on croyait stable à la base de la création, n'est soutenue par rien de matériel, mais par la force invisible. Le vide s'étend au-dessous comme au-dessus d'elle, à gauche comme à droite, et jusqu'à l'infini dans toutes les directions. C'est l'attraction solaire qui la soutient, l'attraction et le mouvement. Il en est de même de tous les mondes, de tous les astres, de tout ce qui compose l'Univers, dans la constitution intime des corps aussi bien que dans l'ensemble sidéral. De l'infiniment grand descendons un instant à l'infiniment petit.

Les substances qui nous paraissent les plus solides et les plus dures sont composées de *molécules* qui ne se touchent pas. Chacune de ces molécules est invisible à l'œil nu, et formée elle-même d'*atomes* plus minuscules encore et qui ne se touchent pas davantage.

Une barre de fer, par exemple, est composée de molécules qui ne se touchent pas, qui sont en vibration perpétuelle, qui s'écartent les unes des autres sous l'influence de la chaleur, qui se resserrent sous l'influence du froid. Exposée au soleil, la température de cette barre atteint 60 degrés; refroidie par les glaces de l'hiver, elle descend à plusieurs degrés au-dessous de zéro. Or, la longueur de cette barre varie de 7 à 8 millimètres entre la première condition et la seconde, et l'on pourrait écarter encore ses molécules en les chauffant davantage.

On les éloignerait tellement les unes des autres, qu'elles n'exerceraient plus d'action l'une sur l'autre, se sépareraient, couleraient, et formeraient, soit un liquide, soit un gaz.

La petitesse des molécules dépasse tout ce qu'on peut imaginer. On est arrivé dans l'industrie à laminer l'or en feuilles tellement minces, que dix mille tiennent dans une épaisseur d'un millimètre. Chaque feuille d'or n'a donc qu'un dix-millième de millimètre d'épaisseur. Or, elle est composée de molécules dont le nombre pour cette seule épaisseur est considérable. N'y en eût-il que dix, séparées seulement par des intervalles égaux à leur diamètre, qu'elles ne mesureraient au plus qu'un deux-cent-millième de millimètre.

On est arrivé, par des moyens mécaniques, à diviser un millimètre, sur une lame de verre, en mille parties égales. Il existe des infusoires si petits que leur corps tout entier, placé entre deux de ces divisions, ne les touchent pas. Ces êtres vivants mesurent donc, au maximum, un millième de millimètre. Ils ont des membres, des organes, des muscles, des nerfs, etc. Ces organes sont composés de cellules, et celles-ci de molécules. N'eussent-elles que la centième partie de la dimension du corps (elles sont probablement beaucoup plus petites), que ces molécules mesureraient, en les supposant séparées par des intervalles égaux à elles-mêmes, un deux-cent-millième de millimètre également.

Les atomes sont beaucoup plus petits encore, et l'on doit les considérer comme infiniment petits.

Ainsi, il n'y a pas l'ombre d'un doute à conserver à cet égard, l'univers visible est composé de corps invisibles; ce que l'on voit est fait de choses qui ne se voient pas.

Dans le ciel, chaque étoile de la Voie lactée étant inférieure à la septième grandeur, est tout à fait invisible pour notre œil. Cependant nous voyons la Voie lactée.

Sur la Terre, nous voyons et nous touchons des assemblages de molécules dont chaque élément ne pourrait être ni vu par nos yeux ni senti par notre toucher.

Des études de physique moléculaire ont conduit à admettre que dans un centimètre cube d'air, les molécules qui le composent n'occupent qu'un tiers de millimètre cube, c'est-à-dire seulement la trois-millième partie du volume total apparent.

Toutes ces molécules, tous ces atomes sont en *mouvement* perpétuel, comme les mondes dans l'espace, et la structure des corps est organisée par la force invisible. Dans l'hydrogène, à la température et à la pression ordinaires, chaque molécule est animée d'une vitesse de translation, de vibration, de circulation, de *deux kilomètres par seconde !*

Tout corps, organique ou inorganique, air, eau, plante, animal, homme, est ainsi formé de *molécules en mouvement.*

L'analyse des corps, organiques comme inorganiques, nous met donc en présence de mouvement d'atomes régis par des forces, et l'infiniment petit nous parle le même langage que l'infiniment grand.

* *

Le titre de matérialiste, porté encore aujourd'hui par des hommes qui ne voient pas plus loin que les apparences vulgaires des choses, ne saurait donc être considéré par le penseur que comme une expression surannée et sans signification. L'Univers visible n'est point du tout ce qu'il paraît être à nos sens, c'est l'Univers invisible qui constitue l'essence et le soutien de la création. En fait, *cet Univers visible est composé d'atomes invisibles*, qui ne se touchent pas; *il repose sur le vide*, et les forces qui le régissent sont en elles-mêmes immatérielles et invisibles. Cherchez la matière, vous ne la trouvez point; c'est un mirage qui recule à mesure qu'on avance; c'est un spectre qui s'évanouit chaque fois qu'on croit le saisir. Il n'en est pas de même de la *force*, de l'élément dynamique; c'est la force invisible et impondérable que nous trouvons en dernière analyse, et c'est elle qui représente la base, le soutien et l'essence même de l'Univers.

Dans la nuit profonde et silencieuse, tout se meut, emporté par un souffle divin. En ces heures de tranquille recueillement, n'entendons-nous pas les voix de l'infini? La nuit est l'état de l'espace immense, et nous n'avons le jour pendant une demi-rotation de la Terre que parce que nous habitons dans le voisinage immédiat d'une étoile. La nuit emplit tout, mais ce n'est pas l'obscurité, c'est la douce lumière émanant de millions d'étoiles. Là, nous pouvons mieux ressentir combien tout est en vibration. Les mouvements de tout atome, sur la Terre et dans le ciel, sont la résultante mathématique de toutes les modulations éthérées qui lui arrivent, avec le temps, des abîmes de l'espace infini. La Lune attire la Terre, la Terre attire ses sœurs les planètes, celles-ci la sollicitent et l'appellent, les étoiles attirent le Soleil, et comme ces grains de poussière que l'on voit osciller et vibrer dans un rayon de lumière, ainsi glissent, tournoient, circulent, s'envolent, vibrent et palpitent tous les mondes et tous les univers, jusqu'à l'infini, au sein du vide sans bornes et sans profondeur.

Un géomètre a osé dire qu'en étendant la main il dérangeait la Lune dans son cours. C'était donner une expression imagée de l'extrême mobilité des choses et montrer que le plus faible déplacement d'un centre de gravité a son retentissement au loin. Quand la Lune passe au-dessus de nos têtes, elle soulève la Terre entière, déplace les eaux de l'océan, et chacun de nous pèse un peu moins que lorsqu'elle est à l'horizon (la différence est de dix-huit milligrammes). Lorsque Vénus passe à dix millions de lieues d'ici, lorsque Jupiter passe à cent cinquante millions de lieues, l'un et l'autre déplacent notre planète tout entière de sa position normale.

Avez-vous jamais approché un morceau de fer d'une aiguille aimantée librement suspendue? Quel merveilleux spectacle que cette mobilité, ces palpitations, ces précipitations, cet affolement de l'aiguille, sous l'influence d'un objet en apparence inerte et qui agit sur elle à distance! Nous observons une boussole au fond d'une cave hermétiquement fermée : un régiment passe sur une route voisine et la boussole s'agite, influencée à distance par les baïonnettes d'acier. Une aurore boréale s'allume-t-elle en Suède? La boussole la ressent à Paris. Que dis-je! les fluctuations de l'aiguille aimantée sont en relation avec les taches et les éruptions solaires! La physique nouvelle est la proclamation de l'Univers invisible.

***

C'est sous cet aspect qu'il m'a paru intéressant de contempler ici l'Univers visible, en conviant à cette contemplation ceux d'entre mes lecteurs qui aiment à songer parfois aux vérités profondes. Étoiles et atomes nous mettent en présence d'une immense symphonie. Ceux qui ne voient que l'orchestre sans rien entendre sont des sourds. A travers l'Univers visible, notre esprit doit sentir la présence de l'Univers invisible, sur lequel nous sommes posés. Tout ce que nous voyons n'est qu'apparence : *le réel c'est l'invisible*, la force, l'énergie, qui meut tout, emporte tout dans l'infini et dans l'éternel.

Et en effet, nous sommes bien dans l'infini et dans l'éternel. La petite étoile dont nous parlions plus haut, soleil colossal surpassant de plus d'un million de fois le volume de la Terre, plane à une distance telle qu'un train-éclair n'emploierait pas moins de trois cent vingt-cinq millions d'années à l'atteindre. C'est pourtant l'une de nos étoiles voisines. On peut aller au delà de la même quantité, aller plus loin encore, plus loin toujours, et marcher, avec une vitesse quelconque, pendant un nombre quelconque de siècles, vers une direction quelconque du ciel, sans jamais approcher d'aucun terme, *sans jamais avancer d'un seul pas*, le centre étant partout, la circonférence nulle part, et l'éternité même ne pouvant suffire à vaincre l'infini.

LE POINT FIXE

DANS L'UNIVERS

L'impression directe et naturelle donnée par l'observation de la nature est que nous habitons à la surface d'une Terre solide, stable, fixe au centre de l'univers. Il a fallu de longs siècles d'études et une audacieuse témérité d'esprit pour arriver à s'affranchir de cette impression naturelle et à reconnaître que le monde où nous sommes est isolé dans l'espace, sans soutien d'aucune sorte, en mouvement rapide sur lui-même et autour du Soleil. Mais, pour les siècles antérieurs à l'analyse scientifique, pour les peuples primitifs, et encore aujourd'hui pour les trois quarts du genre humain, nous avons les pieds appuyés sur une terre solide, fixée à la base de l'univers, et dont les fondements doivent s'étendre jusqu'à l'infini dans les profondeurs.

Du jour cependant, où il fut reconnu que c'est le même Soleil qui se couche et se lève tous les jours, que c'est la même Lune, que ce sont les mêmes étoiles, les mêmes constellations qui tournent autour de nous, on fut par cela même conduit à admettre, avec une incontestable certitude, qu'il y a au-dessous de la Terre la place vide nécessaire pour laisser passer tous les astres du firmament, depuis leur coucher jusqu'à leur lever. Cette première reconnaissance était d'un poids capital. L'admission de l'isolement de la Terre dans l'espace a été la première grande conquête de l'Astronomie. C'était le premier pas, et le plus difficile, en vérité. Songez donc! Supprimer d'un seul coup les fondations de la Terre! Une telle idée n'aurait jamais germé dans aucun cerveau sans l'observation des astres, sans la transparence de l'atmosphère, par exemple. Sous un ciel perpétuellement nuageux, la pensée humaine restait fixée au sol terrestre comme l'huître au rocher.

Une fois la Terre isolée dans l'espace, le premier pas était fait. Avant cette révolution, dont la portée philosophique égale la valeur scientifique, toutes les formes avaient été imaginées pour notre séjour sublunaire. Et d'abord, on avait considéré la Terre comme une île émergeant au-dessus d'un océan sans bornes, cette île ayant des racines infinies. Ensuite, on avait supposé à la Terre entière, avec ses mers, la forme d'un disque plat, circulaire, tout autour duquel venait s'appuyer la voûte du firmament. Plus tard, on lui avait imaginé des formes cubiques, cylindriques, polyédriques, etc. Cependant les progrès de la navigation tendaient à révéler sa nature sphérique et, lorsque son isolement fut reconnu avec ses témoignages incontestables, cette sphéricité fut admise comme un corollaire naturel de cet isolement et du mouvement circulaire des sphères célestes autour du globe supposé central.

I

Le globe terrestre dès lors reconnu isolé dans le vide, le remuer n'était plus difficile. Jadis, lorsque le ciel était regardé comme un dôme couronnant la Terre massive et indéfinie, l'idée même de la supposer en mouvement eût été aussi absurde qu'insoutenable. Mais du jour où nous la voyons, en esprit, placée comme un globe au centre des mouvements célestes, l'idée d'imaginer que, peut-être ce globe pourrait tourner sur lui-même pour éviter au ciel entier, à l'univers immense, l'obligation d'accomplir cette opération quotidienne peut venir naturellement à l'esprit du penseur ; et en effet, nous voyons l'hypothèse de la rotation diurne du globe terrestre se faire jour dans les anciennes civilisations, chez les Grecs, chez les Egyptiens, chez les Indiens, etc. Il suffit de lire quelques chapitres de Ptolémée, de Plutarque, du Surya-Siddhanta, pour se rendre compte de ces tentatives. Mais cette nouvelle hypothèse, quoique ayant été préparée par la première, n'en était pas moins audacieuse, et contraire au sentiment né de la contemplation directe de la nature. L'humanité pensante a dû attendre jusqu'au XVIe siècle de notre ère, ou, pour mieux dire, jusqu'au XVIIe, pour connaître la véritable position de notre planète dans l'univers et *savoir*, avec témoignages à l'appui, qu'elle se meut d'un double mouvement, quotidiennement sur elle-même, annuellement autour du Soleil. A dater de cette époque seulement, à dater de Copernic, Galilée, Kepler et Newton, l'Astronomie réelle était fondée.

Ce n'était pourtant là encore qu'un commencement, car le grand rénovateur du système du monde, Copernic lui-même, ne se doutait ni des autres mouvements de la Terre ni des distances des étoiles. Ce n'est qu'en notre siècle que les premières distances d'étoiles ont pu être mesurées, et ce n'est que de nos jours que les découvertes sidérales nous ont offert les données nécessaires pour nous permettre d'essayer de nous rendre compte des forces qui maintiennent l'équilibre de la Création.

L'idée antique des racines sans fin attribuées à la Terre laissait évidemment beaucoup à désirer aux esprits soucieux d'aller au fond des choses. Il nous est absolument impossible de concevoir un pilier matériel, aussi épais et aussi large qu'on le voudra (du diamètre de la Terre, par exemple), s'enfonçant jusqu'à l'infini, de même qu'on ne peut pas admettre, comme déjà nous l'avons remarqué plus haut, l'existence réelle d'un bâton qui n'aurait qu'un bout. Aussi loin que notre esprit descend vers la base de ce pilier matériel, il arrive un point où il en voit la fin. On avait dissimulé la difficulté en matérialisant la sphère céleste et en posant la Terre dedans, occupant toute sa région inférieure. Mais, d'une part, les mouvements des astres devenaient difficiles à justifier, et, d'autre part, cet univers matériel lui-même, enfermé dans un immense globe de cristal, n'était tenu par rien, puisque l'infini devait s'étendre tout autour, au-dessous de lui aussi bien qu'au-dessus. Les esprits chercheurs durent d'abord s'affranchir de l'idée vulgaire de la pesanteur.

II

Isolée dans l'espace, comme un ballon d'enfant flottant dans l'air, et plus absolument encore, puisque le ballon est porté par les vagues aériennes, tandis que les mondes gravitent dans le vide, la

Terre est un jouet pour les forces cosmiques invisibles auxquelles elle obéit, véritable bulle de savon sensible au moindre souffle. Nous pouvons, du reste, en juger facilement en envisageant sous un même coup d'œil d'ensemble les onze mouvements principaux dont elle est animée.

Lancée autour du Soleil, à la distance de 37 millions de lieues, et parcourant, à cette distance, sa révolution annuelle autour de l'astre lumineux, elle court par conséquent à la vitesse de 643 000 lieues par jour, soit 26 800 lieues à l'heure ou 29 450 mètres par seconde. Cette vitesse est onze cents fois plus rapide que celle d'un train-éclair lancé au taux de cent kilomètres à l'heure.

C'est un boulet courant avec une rapidité soixante-quinze fois supérieure à celle d'un obus, courant incessamment et sans jamais atteindre son but. En 365 jours 6 heures 9 minutes 10 secondes, le projectile terrestre est revenu au même point de son orbite relativement au Soleil, et continue de courir. Le Soleil, de son côté, se déplace dans l'espace, suivant une ligne oblique au plan du mouvement annuel de la Terre, ligne dirigée vers la constellation d'Hercule. Il en résulte qu'au lieu de décrire une courbe fermée, la Terre décrit une spirale et n'est jamais passée deux fois par le même chemin depuis qu'elle existe. A son mouvement de révolution annuelle autour du Soleil s'ajoute donc perpétuellement, comme deuxième mouvement, celui du Soleil lui-même, qui l'entraîne, avec tout le système solaire, dans une chute oblique vers la constellation d'Hercule.

Pendant ce temps-là, notre globule pirouette sur lui-même en vingt-quatre heures et nous donne la succession quotidienne des jours et des nuits. Rotation diurne : troisième mouvement.

Il ne tourne pas sur lui-même droit comme une toupie qui serait verticale sur une table, mais incliné, comme chacun sait, de 23°27'. Cette inclinaison n'est pas stable non plus : elle varie d'année en année, de siècle en siècle, oscillant lentement, par périodes séculaire, c'est là un quatrième genre de mouvement.

L'orbite que notre planète parcourt annuellement autour du Soleil n'est pas circulaire, mais elliptique. Cette ellipse varie aussi elle-même d'année en année, de siècle en siècle ; tantôt elle se rapproche de la circonférence d'un cercle, tantôt elle s'allonge jusqu'à une forte excentricité. C'est comme un cerceau élastique que l'on déformerait plus ou moins. Cinquième complication aux mouvements de la Terre.

Cette ellipse-là elle-même n'est pas fixe dans l'espace, mais tourne dans son propre plan en une période de 21 000 ans. Le périhélie, qui, au commencement de notre ère, était à 65 degrés de longitude à partir de l'équinoxe de printemps, est maintenant à 101 degrés. Ce déplacement séculaire de la ligne des apsides apporte une sixième complication aux mouvements de notre séjour.

En voici maintenant une septième. Nous avons dit tout à l'heure que l'axe de rotation de notre globe est incliné, et chacun sait que le prolongement idéal de cet axe aboutit vers l'étoile polaire. Cet axe lui-même n'est pas fixe: Il tourne en 25 765 ans, en gardant son inclinaison de 22° à 24°; de sorte que son prolongement décrit sur la sphère céleste, autour du pôle de l'écliptique, un cercle de 44° à 48° de diamètre, suivant les époques. C'est par suite de ce déplacement du pôle que Véga deviendra étoile polaire dans douze mille ans, comme elle l'a été il y a quatorze mille ans. Septième genre du mouvement.

Un huitième mouvement, dû à l'action de la Lune sur le renflement équatorial de la Terre, celui de la nutation, fait décrire au pôle de l'équateur une petite ellipse en 18 ans et 8 mois.

Un neuvième, dû également à l'attraction de notre satellite, change incessamment la position du centre de gravité du globe et la place de la Terre dans l'espace : quand la Lune est en avant de nous, elle accélère la marche du globe ; quand elle est en arrière, elle nous retarde, au contraire, comme un frein ; complication mensuelle qui vient encore s'ajouter à toutes les précédentes.

Lorsque la Terre passe entre le Soleil et Jupiter, l'attraction de celui-ci, malgré sa distance de 155 millions de lieues, la fait dévier de $2^m,10$ au delà de son orbite absolue. L'attraction de Vénus la fait dévier de $1^m,25$ en deçà. Saturne et Mars agissent aussi, mais plus faiblement. Ce sont là des perturbations extérieures qui constituent un dixième genre de corrections à ajouter aux mouvements de notre esquif céleste.

L'ensemble des planètes pesant environ la sept centième partie du poids du Soleil, le centre de gravité autour duquel la Terre circule annuellement n'est jamais au centre même du Soleil, mais loin de ce centre et souvent même en dehors du globe solaire. Or, absolument parlant, la Terre ne tourne pas autour du Soleil, mais les deux astres, Soleil et Terre, tournent autour de leur centre commun de gravité. Le centre du mouvement annuel de notre planète change donc constamment de place, et nous pouvons ajouter cette onzième complication à toutes les précédentes.

Nous pourrions même en ajouter beaucoup d'autres; mais ce qui précède suffit pour faire apprécier le degré de légèreté, de subtilité, de notre île flottante, soumise comme on le voit, à toutes les fluctuations des influences célestes. L'analyse mathématique pénètre fort loin au delà de cet exposé sommaire : à la Lune seule, qui semble tourner si tranquillement autour de nous, elle a découvert plus de soixante causes distinctes de mouvements différents !

L'expression n'est donc pas exagérée : notre planète n'est qu'un jouet pour les forces cosmiques qui la conduisent dans les champs du ciel, et il en est de même de tous les mondes et de tout ce qui existe dans l'univers. La matière obéit docilement à la force.

III

En fait, notre planète, autrefois supposée à la base du monde, est donc soutenue à distance par le Soleil, qui la fait graviter autour de lui avec une vitesse correspondante à cette distance. Cette vitesse, causée par la masse solaire elle-même, maintient notre planète à la même distance moyenne de l'astre central : une vitesse moindre ferait dominer la pesanteur et amènerait la chute de la Terre dans le Soleil ; une vitesse plus grande, au contraire, éloignerait progressivement et infiniment notre planète du foyer qui la fait vivre. Mais par la vitesse résultant de la gravitation, notre séjour errant demeure soutenu dans une stabilité permanente. De même la Lune est soutenue dans l'espace par la force de gravité de la Terre, qui la fait circuler autour d'elle avec la vitesse requise pour la maintenir constamment à la même distance moyenne. La Terre et la Lune forment ainsi dans l'espace un couple planétaire qui se soutient dans un équilibre perpétuel sous la domination suprême de l'attraction solaire. Si la Terre existait seule au monde, elle demeurerait éternellement immobile au point du vide infini où elle aurait été placée, sans jamais pouvoir ni descendre, ni monter, ni changer de position de quelque façon que ce fût, ces expressions mêmes, descendre, monter, gauche ou droite n'ayant aucun sens absolu. Si cette même Terre, tout en existant seule, avait reçu une impulsion quelconque, avait été lancée avec une vitesse quelconque, dans une direction quelconque, elle fuirait éternellement en ligne droite dans cette direction, sans jamais pouvoir ni s'arrêter, ni se ralentir, ni changer de mouvement. Il en serait encore de même si la Lune existait seule avec elle : elles tourneraient toutes deux autour de leur centre commun de gravité, accomplissant leur destinée dans le même lieu de l'espace, ou fuyant ensemble suivant la direction vers laquelle elles auraient été projetées. Le Soleil existant et étant le centre de son système, la Terre, toutes les planètes et tous leurs satellites dépendent de lui et ont leur destinée irrévocablement liée à la sienne.

Le point fixe que nous cherchons, la base solide que nous semblons désirer pour assurer la stabilité de l'univers, est-ce donc dans ce globe si colossal et si lourd du Soleil que nous les trouverons?

IV

Assurément non, puisque le Soleil lui-même n'est pas en repos, puisqu'il nous emporte avec tout son système vers la constellation d'Hercule.

Notre soleil gravite-t-il autour d'un soleil immense dont l'attraction s'étendrait jusqu'à lui et régirait ses destinées comme il régit celle des planètes? Les investigations de l'Astronomie sidérale conduisent-elles à penser que, dans une direction située à angle droit de notre marche vers Hercule, puisse exister un astre d'une telle puissance? Non. Notre soleil subit les attractions sidérales; mais aucune ne paraît dominer toutes les autres et régner en souveraine sur notre astre central.

Quoiqu'il soit parfaitement admissible, ou pour mieux dire certain, que le soleil le plus proche du nôtre, l'étoile alpha du Centaure, et notre propre soleil, ressentent leur attraction mutuelle; quoique cette étoile soit précisément située à 90° environ de notre tangente vers Hercule et, de plus dans le plan des étoiles principales, passant par Persée, Capella, Véga, Aldébaran et la Croix du Sud, et quoique le mouvement propre de ce soleil voisin soit dirigé sensiblement en sens contraire du nôtre, cependant on ne saurait considérer ces deux systèmes comme formant un couple analogue à ceux des étoiles doubles, d'abord parce que tous les systèmes d'étoiles doubles connus sont composés d'étoiles beaucoup plus proches l'une de l'autre, ensuite parce que, dans l'immensité de l'orbite décrite suivant cette hypothèse, les attractions des étoiles voisines ne sauraient être considérées comme demeurant sans influence, enfin parce que les vitesses réelles dont ces deux soleils sont animés sont beaucoup plus grandes que celles qui résulteraient de leur attraction mutuelle.

La petite constellation de Persée, notamment, pourrait bien exercer une action plus puissante que celle des Pléiades ou que tout autre assemblage d'étoiles et être le point fixe, le centre de gravité des mouvements de notre soleil, de alpha Centaure et des étoiles voisines, attendu que les amas de Persée se trouvent non seulement à angle droit avec la tangente de notre translation vers Hercule, mais encore dans le grand cercle des étoiles principales, et précisément à l'intersection de ce cercle avec la Voie lactée. Mais ici intervient un autre facteur, plus important que tous les précédents, cette Voie lactée, avec ses dix-huit millions de soleils, dont il serait assurément audacieux de chercher le centre de gravité.

Mais qu'est-ce encore que la Voie lactée tout entière devant les milliards d'étoiles que notre pensée contemple au sein de l'univers sidéral ? Cette Voie lactée ne se déplace-t-elle pas elle-même comme un archipel d'îles flottantes ? Chaque nébuleuse résoluble, chaque amas d'étoiles n'est-il pas une Voie lactée en mouvement sous l'action de la gravitation des autres univers qui l'appellent et la sollicitent à travers la nuit infinie ?

V

D'étoiles en étoiles, de systèmes en systèmes, de plages en plages, notre pensée se trouve transportée en présence des grandeurs insondables, en face des mouvements célestes dont on a commencé à évaluer la vitesse, mais qui surpassent déjà toute conception. Le mouvement propre annuel du soleil alpha du Centaure surpasse 148 millions de lieues par an. Le mouvement propre de la 61e du Cygne (second soleil dans l'ordre des distances) équivaut à 370 millions de lieues par an ou 1 million de lieues par jour environ. L'étoile alpha du Cygne arrive sur nous en droite ligne avec une vitesse de 500 millions de lieues par an. Le mouvement propre de l'étoile 1830 du Catalogue de Groombridge s'élève à 2 590 millions de lieues par an, ce qui représente sept millions de lieues par jour, 115 000 kilomètres à l'heure ou 320 000 mètres par seconde !... Ce sont là des estimations minima, attendu que nous ne voyons certainement pas de face, mais obliquement, les déplacements stellaires ainsi mesurés.

Quels projectiles ! Ce sont des soleils, des milliers et des millions de fois plus lourds que la Terre, lancés à travers les vides insondables avec des vitesses ultra-vertigineuses, circulant dans l'immensité sous l'influence de la gravitation de tous les astres de l'univers. Et ces millions, et ces milliards de soleils, de planètes, d'amas d'étoiles, de nébuleuses, de mondes qui commencent, de mondes qui finissent, se précipitent avec des vitesses analogues vers des buts qu'ils ignorent, avec une énergie, une intensité d'action devant lesquelles la poudre et la dynamite sont des souffles d'enfants au berceau.

Et ainsi, tous ils courent, pour l'éternité peut-être, sans jamais pouvoir se rapprocher des limites inexistantes de l'infini... Partout le mouvement, l'activité, la lumière et la vie. Heureusement, sans doute. Si tous ces innombrables soleils, planètes, terres, lunes, comètes, étaient fixes, immobiles, rois pétrifiés dans leurs éternels tombeaux, combien plus formidable encore, mais plus lamentable, serait l'aspect d'un tel univers ! Voyez-vous toute la Création arrêtée, figée, momifiée ! Une telle idée n'est-elle pas insoutenable, et n'a-t-elle pas quelque chose de funèbre ?

Et qui cause ces mouvements ? qui les entretient ? qui les régit ? La gravitation universelle, la force invisible, à laquelle l'univers visible (ce que nous appelons matière) obéit. Un corps attiré de l'infini par la Terre atteindrait une vitesse de 11 300 mètres par seconde ; de même un corps lancé de la Terre avec cette vitesse ne retomberait jamais. Un corps attiré de l'infini par le Soleil atteindrait une vitesse de 608 000 mètres ; de même un corps lancé par le Soleil avec cette vitesse ne reviendrait jamais à son point de départ. Des amas d'étoiles peuvent déterminer des vitesses beaucoup plus considérables encore, mais qui s'expliquent par la théorie de la gravitation. Il suffit de jeter les yeux sur une carte des mouvements propres des étoiles pour se rendre compte de la variété de ces mouvements et de leur grandeur.

VI

Ainsi les étoiles, les soleils, les planètes, les mondes, les comètes, les étoiles filantes, les uranolithes, en un mot tous les corps constitutifs de ce vaste univers reposent non sur des bases solides, comme semblait l'exiger la conception primitive et enfantine de nos pères, mais sur les forces invisibles et immatérielles qui régissent leurs mouvements. Ces milliards de corps célestes ont leurs mouvements respectifs pour cause de stabilité et s'appuient mutuellement les uns sur les autres à travers le vide qui les sépare. L'esprit qui saurait faire abstraction du temps et de l'espace verrait la Terre, les planètes, le Soleil, les étoiles, pleuvoir d'un ciel sans limites, dans toutes les directions imaginables, comme des gouttes emportées par des tourbillons d'une gigantesque tempête et attirées non par une base, mais par l'attraction de chacune et de toutes; chacune de ces gouttes cosmiques, chacun de ces mondes, chacun de ses soleils est emporté par une vitesse si rapide que le vol des boulets de canon n'est que repos en comparaison : ce n'est ni cent, ni cinq cents, ni mille mètres par seconde, c'est dix mille, vingt mille, cinquante mille, cent mille et même deux ou trois cents mille mètres *par seconde!*...

Comment des rencontres n'arrivent-elles pas au milieu de pareils mouvements? Peut-être s'en produit-il : les « étoiles temporaires » qui semblent renaître de leurs cendres, paraîtraient l'indiquer. Mais, en fait, des rencontres ne pourraient que difficilement se produire, parce que l'espace est immense relativement aux dimensions des corps célestes, et parce que le mouvement dont chaque corps est animé l'empêche précisément de subir passivement l'attraction d'un autre corps et de tomber sur lui : il garde son mouvement propre, qui ne peut être détruit, et glisse autour du foyer qui l'attire comme un papillon qui obéirait à l'attraction d'une flamme sans s'y brûler. D'ailleurs, absolument parlant, ces mouvements ne sont pas « rapides ».

En effet, tout cela court, vole, tombe, roule, se précipite à travers le vide, mais à de telles distances respectives que tout paraît en repos ! Si nous voulions placer en un cadre de la dimension de Paris les astres dont la distance a été mesurée jusqu'à ce jour, l'étoile la plus proche serait placée à 2 kilomètres du Soleil, dont la Terre serait éloignée à $0^m,04$, Jupiter à $0^m,05$ et Neptune à $0^m,30$. La 61e du Cygne serait à 4 kilomètres, Sirius à 10 kilomètres, l'étoile polaire à 27 kilomètres, etc., et l'immense majorité des étoiles resterait au delà du département de la Seine. Eh bien, en animant tous ces projectiles de leurs mouvements relatifs, la Terre devrait employer une année à parcourir son orbite d'un centimètre de rayon, Jupiter douze ans à parcourir la sienne de cinq centimètres, et Neptune, cent soixante-cinq ans. Les mouvements propres du Soleil et des étoiles seraient du même ordre. C'est dire que tout paraîtrait en repos même au microscope.

Or, la constitution de l'univers sidéral est l'image de celle des corps que nous appelons matériels. Tout corps, organique ou inorganique, homme, animal, plante, pierre, fer, bronze, est composé de molécules en mouvement perpétuel et qui ne se touchent pas. Ces molécules sont elles-mêmes composées d'atomes qui ne se touchent pas. Chacun de ces atomes est infiniment petit et invisible, non seulement aux yeux, non seulement au microscope, mais même à la pensée, puisqu'il est possible que ces atomes ne soient que des centres de forces. On a calculé que dans une tête d'épingle il n'y a pas moins de huit sextillions d'atomes, soit huit mille milliards de milliards, et que dans un centimètre cube d'air, il n'y a pas moins d'un sextillion de molécules. Tous ces atomes, toutes ces molécules sont en mouvement sous l'influence des forces qui les régissent, et, relativement à leurs dimensions, de grandes distances les séparent. Nous pouvons même penser qu'il n'y a en principe qu'un genre d'atomes, et que c'est le nombre des atomes primitifs, essentiellement simples et homogènes, leurs modes d'arrangements et leurs mouvements qui constituent la diversité des molécules : une molécule d'or, de fer, ne différerait d'une molécule de soufre, d'oxygène, d'hydrogène, etc., que par le nombre, la disposition et le mouvement des atomes primitifs qui la composent; chaque molécule serait un système, un microcosme.

Mais, quelle que soit l'idée que l'on se fasse de la constitution intime des corps, la vérité aujourd'hui reconnue et désormais incontestable est que le point fixe cherché par notre imagination n'existe nulle part. Archimède peut réclamer en vain un point d'appui pour soulever le monde. *Les mondes comme les atomes reposent sur l'invisible*, sur la force immatérielle; tout se meut, sollicité par l'attraction et comme à la recherche de ce point fixe qui se dérobe à mesure qu'on le poursuit, et qui n'existe pas, puisque dans l'infini le centre est partout et nulle part. Les esprits prétendus positifs, qui affirment avec tant d'assurance que « la matière règne seule avec ses propriétés », et qui sourient dédaigneusement des recherches des penseurs, devraient d'abord nous dire ce qu'ils entendent par ce fameux mot de « matière ». S'ils ne s'arrêtaient pas à la superficie des choses, s'ils soupçonnaient que les apparences cachent des réalités intangibles, ils seraient sans doute un peu plus modestes.

Pour nous, qui cherchons la vérité sans idées préconçues et sans esprit de système, il nous semble que l'essence de la matière reste aussi mystérieuse que l'essence de la force, l'univers visible n'étant point du tout ce qu'il paraît être à nos sens. En fait, cet univers visible est composé d'atomes invisibles ; il repose sur le vide, et les forces qui le régissent sont en elles-mêmes immatérielles et invisibles. Il serait moins hardi de penser que la matière n'existe pas, que tout est dynamisme, que de prétendre affirmer l'existence d'un univers exclusivement matériel. Quant au soutien matériel du monde, il a disparu, remarque assez piquante, précisément avec les conquêtes de la Mécanique, qui proclament le triomphe de l'invisible. Le point fixe s'évanouit dans l'universelle pondération des pouvoirs, dans l'idéale harmonie des vibrations de l'éther ; plus on cherche, moins on le trouve ; et le dernier effort de notre pensée a pour dernier appui, pour suprême réalité, l'INFINI.

AME VÊTUE D'AIR

Elle se tenait debout, dans sa chaste nudité, les bras élevés vers sa chevelure dont elle tordait les masses souples et opulentes, qu'elle s'efforçait d'assujettir au sommet de sa tête. C'était une beauté juvénile, qui n'avait pas encore atteint la perfection et l'ampleur des formes définitives, mais qui en approchait, rayonnant dans l'auréole de sa dix-septième année.

Enfant de Venise, sa carnation, d'une blancheur légèrement rosée, laissait deviner sous sa transparence, la circulation d'une sève ardente et forte; ses yeux brillaient d'un éclat mystérieux et troublant, et la rougeur veloutée de ses lèvres légèrement entr'ouvertes faisait déjà songer au fruit autant qu'à la fleur.

Elle était merveilleusement belle ainsi, et si quelque nouveau Pâris avait reçu mission de lui décerner la palme, je ne sais s'il eût mis à ses pieds celle de la grâce, de l'élégance ou de la beauté, tant elle semblait réunir le charme vivant de la séduction moderne aux calmes perfections de la beauté classique.

Le plus heureux, le plus inattendu des hasards nous avait amenés devant elle, le peintre Falero et moi. Par une belle après-midi de printemps, nous promenant sur les bords de la mer, nous avions traversé l'un de ces bois d'oliviers au triste feuillage que l'on rencontre entre Nice et Monaco, et sans nous en apercevoir, nous avions pénétré dans une propriété particulière ouverte du côté de la plage. Un sentier pittoresque montait en serpentant vers la colline. Nous venions de passer au-dessus d'un bosquet d'orangers dont les pommes d'or rappelaient le jardin des Hespérides; l'air était parfumé, le ciel d'un bleu profond, et nous discourions sur un parallèle entre l'art et la science lorsque mon compagnon, arrêté tout à coup comme par une fascination irrésistible, me fit signe de me taire et de regarder.

Derrière les massifs de cactus et de figuiers de Barbarie, à quelques pas devant nous, une salle de bain somptueuse, ayant sa fenêtre ouverte du côté du soleil, nous laissait voir, non loin d'une vasque de marbre dans laquelle un jet d'eau retombait avec un doux murmure, la jeune fille inconnue, debout devant une colossale Psyché, qui de la tête aux pieds reflétait son image. Sans doute le bruit du jet d'eau l'empêcha-t-il d'entendre notre approche. Discrètement — ou plutôt indiscrètement — nous restâmes derrière les cactus, regardant, muets, immobiles.

Elle était belle, semblant s'ignorer elle-même. Les pieds sur une peau de tigre, elle ne se pressait point. Trouvant sa longue chevelure encore trop humide, elle la laissa retomber sur son corps, se retourna de notre côté et vint cueillir une rose sur une table voisine de la fenêtre, puis revenant vers l'immense miroir, elle se remit à sa coiffure, la compléta tranquillement, plaça la petite rose entre cha, sans doute pour prendre son premier vêtement. Mais soudain elle se releva, poussa un cri perçant et se cacha la tête dans les mains, en se mettant à courir vers un coin sombre.

Nous avons toujours pensé, depuis, qu'un mouvement de nos têtes avait trahi notre présence, ou que, par un jeu du miroir, elle nous avait aperçus. Quoi qu'il en soit, nous crûmes prudent de revenir sur nos pas, et, par le même sentier, nous redescendîmes vers la mer.

* *

Ah! fit mon compagnon, je vous avoue que, de tous mes modèles, je n'en ai pas vu de plus parfait, même pour mon tableau des « Étoiles doubles » et pour celui de « Célia ». Qu'en pensez-vous vous-même? Cette apparition n'est-elle pas arrivée juste à point pour me donner raison? Vous avez beau célébrer avec éloquence les délices de la science, convenez que l'art, lui aussi, a ses charmes. Les étoiles de la Terre ne rivalisent-elles pas avantageusement avec les beautés du ciel? N'admirez-vous pas comme nous l'élégance de ces formes? Quels tons ravissants! Quelles chairs!

— Je n'aurais pas le mauvais goût de ne point admirer ce qui est vraiment beau, répliquai-je, et, j'admets que la beauté humaine (et je vous le concède sans hésitation, la beauté féminine en particulier) représente vraiment ce que la nature a produit de plus parfait sur notre planète. Mais savez-vous ce que j'admire le plus dans cet être? Ce n'est point son aspect artistique ou esthétique, c'est le témoignage scientifique qu'il nous donne d'un fait tout simplement merveilleux. Dans ce corps charmant, je vois une âme vêtue d'air.

— Oh! vous aimez le paradoxe. Une âme vêtue d'air! C'est bien idéaliste pour un corps aussi réel. Que cette charmante personne ait une âme, je n'en doute pas; mais permettez à l'artiste d'admirer son corps, sa vie, sa solidité, sa couleur...

— Je ne vous l'interdis point. Mais c'est précisément cette beauté physique qui me fait admirer en elle l'âme, la force invisible qui l'a formée.

— Comment l'entendez-vous? On a sûrement un corps. L'existence de l'âme est moins palpable.

— Pour les sens, oui. Pour l'esprit, non. Or, les sens nous trompent abolument, sur le mouvement de la Terre, sur la nature du ciel, sur la solidité apparente des corps, sur les êtres et sur les choses. Voulez-vous suivre un instant mon raisonnement?

* * *

Lorsque je respire le parfum d'une rose, lorsque j'admire la beauté de forme, la suavité de coloris, l'élégance de cette fleur en son premier épanouissement, ce qui me frappe le plus, c'est l'œuvre de la force cachée, inconnue, mystérieuse qui préside à la vie de la plante, qui sait la diriger dans l'entretien de son existence, qui choisit les molécules de l'air, de l'eau, de la terre convenables pour son alimentation, et surtout qui sait assimiler ces molécules et les grouper délicatement au point d'en former cette tige élégante, ces petites feuilles vertes si fines, ces pétales d'un rose si tendre, ces nuances exquises et ces délicieux parfums. Cette force mystérieuse, je l'appelle l'âme de la plante. Mettez dans la terre, à côté les uns des autres, une graine de lys, un gland de chêne, un grain de blé et un noyau de pêche, chaque germe se construira son organisme.

J'ai connu un érable qui se mourait sur les décombres d'un vieux mur, à quelques mètres de la bonne terre du fossé, et qui, désespéré, lança une racine aventureuse, atteignit le sol de sa convoitise, s'y enfonça, y prit un pied solide, si bien qu'insensiblement, lui, l'immobile, se déplaça, laissa mourir ses racines primitives, quitta les pierres, et vécut ressuscité, transformé, sur l'organe libérateur. J'ai connu des ormes qui allaient manger la terre sous un champ fertile, auxquels on coupa les vivres par un large fossé, et qui prirent la décision de faire passer par-dessous le fossé leurs racines non coupées : elles y réussirent et retournèrent à leur table permanente, au grand étonnement de l'horticulteur. J'ai connu un jasmin héroïque qui traversa huit fois une planche trouée qui le séparait de la lumière, et qu'un observateur taquin retournait vers l'obscurité dans l'espérance de lasser à la fin l'énergie de cette fleur : il n'y parvint pas.

La plante respire, boit, mange, choisit, refuse, cherche, travaille, vit, agit suivant ses instincts; celle-ci se porte « comme un charme », celle-là est souffrante, cette autre est nerveuse, agitée. La sensitive frissonne et tombe pâmée au moindre attouchement. En certaines heures de bien-être, l'arum est chaud, l'œillet phosphorescent, la vallisnerie fécondée descend au fond des eaux mûrir le fruit de ses amours. Sous ces manifestations d'une vie inconnue, le philosophe ne peut s'empêcher de reconnaître dans le monde des plantes un chant du chœur universel.

* *

Je ne vais pas plus loin en ce moment pour l'âme humaine, quoiqu'elle soit incomparablement supérieure à l'âme de la plante et quoiqu'elle ait créé un monde intellectuel autant élevé au-dessus du reste de la vie terrestre que les étoiles sont élevées au-dessus de la Terre. Ce n'est pas au point de vue de ses facultés spirituelles que je l'envisage ici, mais seulement comme force animant l'être humain.

Eh bien ! j'admire que cette force groupe les atomes que nous respirons, ou que nous nous assimilons par la nutrition, au point d'en constituer cet être charmant. Revoyez cette jeune fille le jour de sa naissance et suivez par la pensée le développement graduel de ce petit corps, à travers les années de l'âge ingrat, jusqu'aux premières grâces de l'adolescence et jusqu'aux formes de la nubilité. Comment l'organisme humain s'entretient-il, se développe-t-il, se compose-t-il? Vous le savez : par la respiration et par la nutrition.

Déjà, par la respiration, l'air nous nourrit aux trois quarts. L'oxygène de l'air entretient le feu de la vie, et le corps est comparable à une flamme incessamment renouvelée par les principes de la combustion. Le manque d'oxygène éteint la vie comme il éteint la lampe. Par la respiration, le sang veineux brun se transforme en sang artériel rouge et se régénère. Les poumons sont un fin tissu criblé de quarante à cinquante millions de petits trous, juste trop petits pour laisser filtrer le sang et assez grands pour laisser pénétrer l'air. Un perpétuel échange de gaz se fait entre l'air et le sang, le premier fournissant au second l'oxygène, le second éliminant l'acide carbonique. D'une part, l'oxygène atmosphérique brûle dans le poumon du carbone; d'autre part, le poumon exhale de l'acide carbonique, de l'azote et de la vapeur d'eau. Les plantes respirent (de jour) par un procédé contraire, absorbent du carbone et exhalent de l'acide carbonique, entretenant par ce contraste une partie de l'équilibre général de la vie terrestre.

De quoi se compose le corps humain? L'homme adulte pèse, en moyenne, 70 kilogrammes. Sur cette quantité, il y a près de 52 kilogrammes d'eau, dans le sang et dans la chair. Analysez la substance de notre corps, vous y trouvez l'albumine, la fibrine, la caséine et la gélatine, c'est-à-dire des substances organiques composées originairement par les quatre gaz essentiels : l'oxygène, l'azote, l'hydrogène et l'acide carbonique. Vous y trouvez aussi des substances dépourvues d'azote, telles que la gomme, le sucre, l'amidon, les corps gras; ces matières passent également par notre organisme, leur carbone et l'hydrogène sont consumés par l'oxygène aspiré pendant la respiration, et ensuite exhalés sous forme d'acide carbonique et d'eau.

L'eau, vous ne l'ignorez pas, est une combinaison de deux gaz, l'oxygène et l'hydrogène; l'air, un mélange de deux gaz, l'oxygène et l'azote, auxquels s'ajoutent, en proportions plus faibles, l'eau sous forme de vapeur, l'acide carbonique, l'ammoniaque, l'ozone, qui n'est, du reste, que de l'oxygène condensé, etc.

Ainsi, notre corps n'est composé que de gaz transformés.

***

— Mais, interrompit mon compagnon, nous ne vivons pas seulement de l'air du temps. Il nous faut, en certaines heures indiquées par notre estomac, y ajouter quelques suppléments qui ont bien leur valeur, tels qu'une aile de faisan, un filet de sole, un verre de château-Laffitte ou de champagne, ou, suivant vos goûts, des asperges, des raisins, des pêches...

— Oui, tout cela passe à travers notre organisme et en renouvelle les tissus, assez rapidement même, car en quelques mois (non plus en sept ans, comme on le croyait autrefois) notre corps est entièrement renouvelé. Je reviens encore à cet être ravissant qui posa devant nous, tout à l'heure. Eh bien! toute cette chair que nous admirions n'existait pas il y a trois ou quatre mois : ces épaules, ce visage, ces yeux, cette bouche, ces bras, cette chevelure, et jusqu'aux ongles même, tout cet organisme n'est autre chose qu'un courant de molécules, une flamme sans cesse renouvelée, une rivière que l'on contemple pendant la vie entière, mais où l'on n'a jamais revu la même eau. Or, tout cela c'est encore du gaz assimilé, condensé, modifié, et c'est surtout de l'air. Ses os eux-mêmes, aujourd'hui solides, se sont formés et solidifiés insensiblement. N'oubliez pas que notre corps tout entier est composé de molécules invisibles, qui ne se touchent pas, et qui se renouvellent sans cesse.

En effet, notre table est-elle servie de légumes ou de fruits, sommes-nous végétariens, nous absorbons des substances puisées presque entièrement dans l'air : cette pêche, c'est de l'eau et de l'air, cette poire, ce raisin, cette amande sont également de l'air, de l'eau, quelques éléments gazeux ou liquides appelés là par la sève, par la chaleur solaire, par la pluie. Asperge ou salade, petits pois ou haricots, laitue ou chicorée, tout cela vit dans l'air et par l'air. Ce que donne la terre, ce que va chercher la sève, ce sont encore des gaz, et les mêmes, azote, oxygène, hydrogène, carbone, etc.

S'agit-il d'un bifteck, d'un poulet ou de quelque autre « viande », la différence n'est pas considérable. Le mouton, le bœuf se sont nourris d'herbe. Que nous goûtions d'une perdrix aux choux, d'un caille rôtie, d'une dinde truffée ou d'un civet de lièvre, toutes ces substances, en apparence si diverses, ne sont que du végétal transformé, lequel n'est lui-même qu'un groupement de molécules puisées dans les gaz dont nous venons de parler, air, éléments de l'eau, molécules et atomes, en eux-mêmes presque impondérables, et d'ailleurs absolument invisibles à l'œil nu.

Ainsi, quel que soit notre genre de nourriture, notre corps, formé, entretenu, développé par l'absorption des molécules acquises, par la respiration et l'alimentation, n'est en définitive, qu'un courant incessamment renouvelé en vertu de cette assimilation, dirigé, régi, organisé par la force immatérielle qui nous anime. Cette force, nous pouvons assurément lui accorder le nom d'âme. Elle groupe les atomes qui lui conviennent, élimine ceux qui lui sont inutiles, et, partant d'un point imperceptible, d'un germe insaisissable, arrive à construire ici l'Apollon du Belvédère, à côté la Vénus du Capitole. Phidias n'est qu'un imitateur grossier, comparativement à cette force intime et mystérieuse. Pygmalion devint amant de la statue dont il fut père, disait la mythologie. Erreur! Pygmalion,

Praxitèle, Michel-Ange, Benvenuto, Canova n'ont créé que des statues. Plus sublime est la force qui sait construire le corps vivant de l'homme et de la femme.

Mais cette force est immatérielle, invisible, intangible, impondérable, comme l'attraction qui berce les mondes dans l'universelle mélodie, et le corps, quelque matériel qu'il nous paraisse, n'est pas autre chose lui-même qu'un harmonieux groupement formé par l'attraction de cette force intérieure. Vous voyez donc que je reste strictement dans les limites de la science positive en qualifiant cette jeune fille du titre d'âme vêtue d'air, comme vous et moi, d'ailleurs, ni plus ni moins.

* * *

Depuis les origines de l'humanité jusqu'en ces derniers siècles, on a cru que la sensation était perçue au point même où on l'éprouvait. Une douleur ressentie au doigt était considérée comme ayant son siège dans le doigt même. Les enfants et beaucoup de personnes le croient encore. La physiologie a démontré que l'impression est transmise depuis le bout du doigt jusqu'au cerveau par l'intermédiaire du système nerveux. Si l'on coupe le nerf, on peut se brûler le doigt impunément, la paralysie est complète. On a même déjà pu déterminer le temps que l'impression emploie pour se transmettre d'un point quelconque du corps au cerveau, et l'on sait que la vitesse de cette transmission est d'environ vingt-huit mètres par seconde. Dès lors on a rapporté la sensation au cerveau. Mais on s'est arrêté en chemin.

Le cerveau est matière comme le doigt, et nullement une matière stable et fixe. C'est une matière essentiellement changeante, rapidement variable, ne formant point une identité.

Il n'existe, il ne peut exister dans toute la masse encéphalique, un seul lobe, une seule cellule, une seule molécule qui ne change pas. Un arrêt de mouvement, de circulation, de transformation, serait un arrêt de mort. Le cerveau ne subsiste et ne sent qu'à la condition de subir comme tout le reste du corps, les transformations incessantes de la matière organique qui constituent le circuit vital.

Ce n'est donc pas, ce ne peut donc pas être dans une certaine matière cérébrale, dans un certain groupement de molécules que réside notre personnalité, notre identité, notre moi individuel, notre moi qui acquiert et conserve une valeur personnelle, scientifique et morale, grandissante avec l'étude, notre moi qui est et se sent responsable de ses actes accomplis il y a un mois, un an, dix ans, vingt ans, cinquante ans, durée pendant laquelle le groupement moléculaire le plus intime a été *changé* plusieurs fois.

Les physiologistes qui affirment que l'âme n'existe pas ressemblent à leurs ancêtres qui affirmaient ressentir la douleur au doigt ou au pied. Ils sont un peu moins loin de la vérité, mais en s'arrêtant au cerveau et en faisant résider l'être humain dans les impressions cérébrales, ils s'arrêtent sur la route. Cette hypothèse est d'autant moins excusable que ces mêmes physiologistes savent parfaitement que la sensation personnelle est toujours accompagnée d'une modification de la substance. En d'autres termes, le moi de l'individu ne persiste que si l'identité de sa matière ne persiste pas.

Notre principe de sensibilité ne peut donc être un objet matériel; il est mis en relation avec l'univers par les impressions cérébrales, par les forces chimiques dégagées dans l'encéphale à la suite de combinaisons matérielles. Mais il est *autre*.

Et perpétuellement se transforme notre constitution organique sous la direction d'un principe psychique.

* *

Telle molécule, qui est maintenant incorporée dans notre organisme, va s'en échapper par l'expiration, la transpiration, etc., appartenir à l'atmosphère pendant un temps plus ou moins long, puis être incorporée dans un autre organisme, plante, animal ou homme. Les molécules qui constituent actuellement votre corps n'étaient pas toutes hier intégrées à votre personne, et aucune n'y était il y a quelques mois. Où étaient-elles ? — Soit dans l'air, soit dans un autre corps. Toutes les molécules qui forment maintenant vos tissus organiques, vos poumons, vos yeux, votre cerveau, vos jambes, etc., ont déjà servi à former d'autres tissus organiques... Nous sommes tous des morts ressuscités, fabriqués de la poussière de nos ancêtres. Si tous les hommes qui ont vécu jusqu'à cette année ressuscitaient, il y en aurait cinq par pied carré sur toute la surface des continents, obligés pour se tenir de monter sur les épaules des uns des autres; mais ils ne pourraient ressusciter tous intégralement, car bien des molécules ont successivement servi à plusieurs corps. De même, nos organes actuels, divisés un jour en leurs dernières particules, se trouveront incorporés dans nos successeurs.

Chaque molécule d'air passe donc éternellement de vie en vie et s'en échappe de mort en mort : tour à tour vent, flot, terre, animal ou fleur, elle est successivement incorporée à la substance des innombrables organismes. Source inépuisable où tout ce qui vit prend son haleine, l'air est encore un réservoir immense où tout ce qui meurt verse son dernier souffle : sous son absorption, végétaux et animaux, organismes divers naissent, puis dépérissent. La vie et la mort sont également dans l'air que nous respirons et se succèdent perpétuellement l'une à l'autre par l'échange des molécules gazeuses; la molécule d'oxygène qui s'exhale de ce vieux chêne va s'envoler aux poumons de l'enfant au berceau; les derniers soupirs d'un mourant vont tisser la brillante corolle de la fleur ou se répandre comme un sourire sur la verdoyante prairie; et ainsi, par un enchaînement infini de morts partielles, l'atmosphère alimente incessamment la vie universelle déployée à la surface du monde.

Et si vous imaginiez encore quelque objection, j'irais plus loin et j'ajouterais que nos vêtements eux-mêmes sont, aussi bien que nos corps, composés de substances qui, primitivement, ont toutes été gazeuses. Prenez ce fil, tirez-le, quelle résistance! Que de tissus, de batiste, de soie, de toile, de coton, de laine, l'industrie a formés à l'aide de ces trames et de ces chaînes! Pourtant, qu'est-ce que ce fil de lin, de chanvre ou de coton? des globules d'air juxtaposés et qui ne se tiennent que par leur force moléculaire. Qu'est-ce que ce fil de soie ou de laine? une autre juxtaposition de molécules. Convenez-en donc, nos vêtements eux-mêmes, c'est encore de l'air, du gaz, des substances puisées en principe dans l'atmosphère, oxygène, azote, carbone, vapeur d'eau, etc.

* * *

— Je vois avec bonheur, reprit le peintre, que l'art n'est pas aussi loin de la science qu'on le suppose dans certaines sphères. Si votre théorie est, pour vous, purement scientifique, pour moi, c'est de l'art, et du meilleur. Et puis, d'ailleurs, est-ce que dans la nature toutes ces distinctions existent? Il n'y a dans la nature ni art, ni science, ni peinture, ni sculpture, ni musique, ni décoration, ni physique, ni chimie, ni astronomie, ni mécanique, ni météorologie. Voyez ce ciel, cette mer, ces contreforts des Alpes, ces nuages roses du soir, ces perspectives lumineuses vers l'Italie : tout cela est un. Tout est un. Et puisque la physique moléculaire nous démontre qu'il n'y a plus de corps, que dans une barre d'acier ou de platine même les atomes ne se touchent pas, au moins que les âmes nous restent, personne n'y perdra.

— Oui, c'est un fait contre lequel aucun préjugé ne saurait prévaloir, les êtres vivants sont des âmes vêtues d'air... Je plains les mondes dépourvus d'atmosphère.

*
* *

Nous étions revenus, après une longue promenade au bord de la mer, non loin de notre point de départ, et nous passions devant le mur crénelé d'une villa, nous dirigeant de Beaulieu au cap Ferrat, lorsque deux dames fort élégantes nous croisèrent. C'étaient la duchesse de V... et sa fille, que nous avions rencontrées le jeudi précédent au bal de la Préfecture. Nous les saluâmes et disparûmes sous les oliviers. Curieuse fille d'Ève, la jeune fille se retourna vers nous, et il me sembla qu'une rougeur subite avait empourpré son visage; c'était sans doute le reflet des rayons du soleil couchant.

— Vous croyez peut-être, fit l'artiste en se retournant aussi, avoir diminué mon admiration pour la beauté? Eh bien! je l'apprécie mieux encore, je salue en elle l'harmonie, et, vous l'avouerai-je? le corps humain, considéré ainsi comme la manifestation sensible d'une âme directrice, me paraît acquérir par là plus de noblesse, plus de beauté et plus de lumière.

TABLE DES MATIÈRES

	Pages.
GEORGES SPERO	1
Présentation	1
I. — La Vie	5
II. — L'Apparition	17
III. — To be or not to be	29
IV. — Amor	51
V. — L'Aurore boréale	59
VI. — Le Progrès éternel	69
VOYAGE DANS LE CIEL	75
La Nuit étoilée	75
I. — A quatre-vingt-seize mille lieues de la Terre	81
II. — A quinze millions de lieues de la Terre	87
III. — A trois cents millions de lieues	93
IV. — A un milliard de lieues	99

TABLE DES MATIÈRES

Pages.

V. — A huit mille milliards de lieues 113
VI. — A cent millions de milliards de lieues 125
VII. — Dans l'infini 135
    L'Univers antérieur 151
    Idée d'une communication entre les mondes . 167
    Étoiles et atomes 185
    Le Point fixe dans l'univers 203
    Ame vêtue d'air 227

www.ingramcontent.com/pod-product-compliance
Lightning Source LLC
Chambersburg PA
CBHW070646170426
43200CB00010B/2144